蘇る愛と生命

―進化論を克服した文鮮明師の統一思想

統一思想研究院

光言社

まえがき

共産主義の理想は地に落ちた今でも、変形共産主義としての性解放理論とその背景としての唯物論、そして進化論はなお科学の名のもとに生き続けています。なかでも進化論は、自然科学のみならず、文化、芸術等、あらゆる分野にその影響が及んでいます。その結果、神は追放され、人間は動物界に落とされ、愛の主人を失った万物はうめき苦しんできたのです。進化論が世界を覆い尽くしている限り、神の理想である、エデンの園の建設は不可能です。しかるに従来のキリスト教をはじめとする、いかなる宗教も、いかなる思想も進化論に対しては無力でありました。進化論を克服し得るのは、科学的にも神を証し得る文鮮明師の「統一原理」に基づいた統一思想以外にはありません。

巻末に紹介した、ダーウィンの霊界からのメッセージにありますように、ダーウィンは霊界に行ってから、人影がほとんどない獣たちの群れの中にいましたが、ある日、導かれて「統一原理」の講義所に行き、「統一原理」と「統一思想」の教育を受けました。また神様にも出会いました。そして自分の学説が誤っていたことを悔い改めながら、地上の知性人たちに、次のように呼びかけています。「数多くの知性人たち！　ダーウィンの誤った学説を中心に現代の科学的、唯物論的な学問世界を形成している知性人たちに心から赦しを求める。今や科学者たちは『統一原理』を基礎とした新しい人間観を深く研究し、この時代に意識革命を起こすことを願う」。

今なお進化論が世界を覆っていますが、「統一原理」、「統一思想」の登場により、進化論の崩壊の日が近づいていています。そうすれば、人類は再び、神を迎えるようになり、人間は進化した動物から神の子としての本来の姿を復帰し、万物も歓喜する日を迎えるでしょう。

二〇一四年十月一日

日本統一思想研究院院長　小山田秀生

序

十九世紀に、西洋社会において、神を否定する強力な無神論、唯物論思想が生まれ、あっという間に、茨のように全世界を覆っていきました。一八五九年はその象徴的な年でした。すなわちカール・マルクスが『経済学批判』を著し、唯物弁証法に基づいて唯物史観の公式を提示すると同時に、のちに『資本論』として体系化されるマルクス主義経済学の骨子を発表したのです。マルクス主義は神の存在を根底から否定するものでありました。その同じ年に、チャールズ・ダーウィンが『種の起源』を著し、キリスト教の創造論を否定し、生物および人間は弱肉強食の生存競争を通じて進化したものであると主張しました。

中世の西洋社会において、キリスト教は絶対的な指導的精神でしたが、キリスト教の腐敗と科学的論理の欠如のゆえに、カイン型（外的、科学的）のヘレニズム復古運動としてのルネサンスとアベル型（内的、宗教的）のヘブライズム復古運動としての宗教改革が現れました。やがて十八世紀に入り、それぞれカイン型人生観とアベル型人生観として結実し、対立しました。そして十九世紀に至り、カイン型人生観から発展した無神論・唯物論はアベル型人生観のキリスト教精神を根底から揺るがすものとなり、西洋社会のみならず、全世界を覆い尽くす勢いで広がっていったのです。

カール・マルクスによって築かれた暴力革命の共産主義思想は、二十世紀に至り、レーニンの指導するボルシェビキ革命として実を結び、地上に初めての共産主義国家ソ連が誕生しました。ソ連は宗教の根絶を公然と宣言する悪の帝国でありました。そして歴史上、最大の独裁者であるスターリンのもとで、ソ連帝国は世界共産化を目指し、全世界を震撼させていきました。そして第二次世界大戦の終了とともに、共産主義は東ヨーロッパとアジアに広がり、正に世界をのみ尽くそうとする勢いになったのです。

それではなぜ十九世紀に、世界的に影響を及ぼす無神論・唯物論が生まれたのでしょうか。それは神の摂理から見るとき、二十世紀が終末の時代であったからです。すなわち、二十世紀を超えて、二十一世紀から新しい時代――新しい天と地――が始まるのであり、そのことを知っていた、この世の神であるサタン（悪魔）が、永遠に世界を支配し続けたいという野望のもとに、神の摂理を妨害するために、あらかじめ十九世紀に世界的に茨の種を撒き、世界を覆い尽くそうとしたのです。すなわち、マルクス、ダーウィンの背後から、彼らを操って、彼らが強力な無神論と唯物論を構築するように導いたのです。

かくして二十世紀は神を否定する精神が世界を覆う世紀となりました。しかし、一方で暗い力を退けて、愛と真理の理想世界を実現しようとする、新しい神の摂理が始まりました。そして、二十世紀後半から二十一世紀にかけて、神を否定するサタン側の思想と、それに対抗する神側の思想が激しく対決する時代となったのです。

共産主義思想を背後から支えた強力な無神論思想がダーウィンの提示した進化論でありました。言い換えれば、進化論が共産主義を支える母の役割をしたのです。したがって進化論を克服しなければ、共産主義思想は、倒れそうになっても、また蘇ってきます。ですから進化論を放置せず、科学的に検証しながら克服しなければならないのです。

ここに進化論を批判・克服する文鮮明師の思想を紹介しながら、「統一思想」に基づいた新創造論を提示していきます。同時に、文師による新しい神観をも紹介していきます。

蘇る　愛と生命・目次

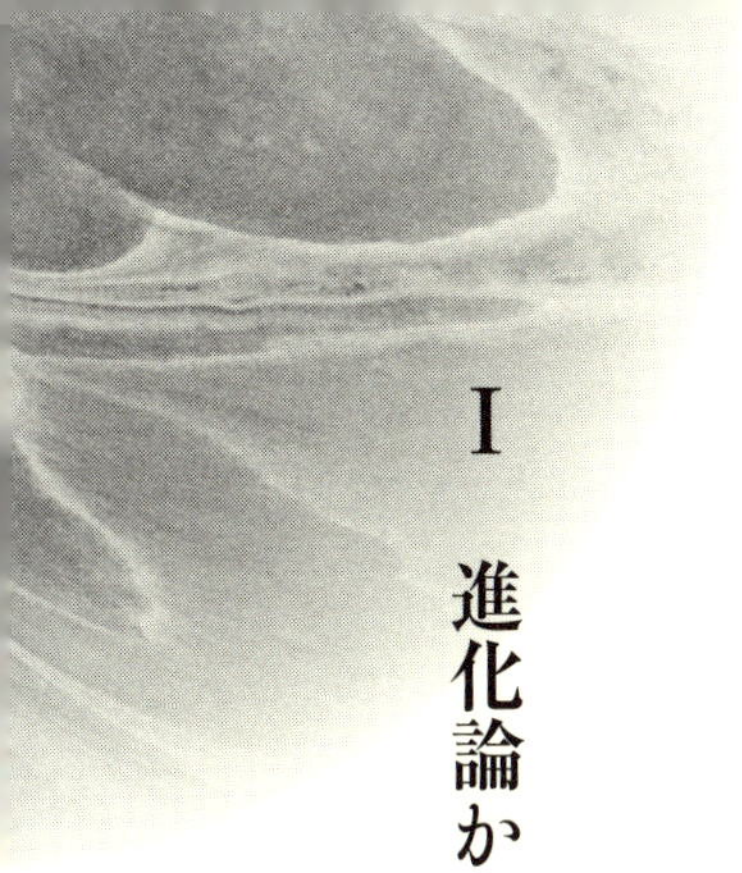

I 進化論から新創造論へ

(1) 進化論か、創造論か？

ダーウィンが進化論を提示してから百五十年が過ぎた今日、進化論は哲学、道徳・倫理、生物学、化学、物理学など、あらゆる分野に浸透して、唯物論を強力に支持しています。しかし今、進化論に対して、多くの疑問が提示されてきており、その輝きに陰りが見えています。しかし、既存の宗教における神話的な創造論では科学的な装いをしている進化論に対抗できません。ここに科学的な創造論が現れなければならないのです。そこで「統一思想」に基づいた科学的にも納得できる創造論を紹介し、進化論か創造論かという論争に決着をつけたいと思います。

• 天の側の右翼とサタン側の左翼の闘争が世界的に展開された

末世になれば、サタンが人類を支配してきた立場を天に奪われるようになるので、神がいないという無神論を提示して、人本主義と物本主義、共産主義の出現を助け、天の側の右翼とサタン側の左翼の闘争を、世界的に展開したのです。天の側の勝利によって、第二次大戦以後にキリスト教文化圏の勝利と、平和の世界に転換する大変換時代を迎えるようになるのです。……全世界的に今、問題は公私にかかわらず、物質が先か精神が先か、無神論か有神論か、観念か実在か、**進化論か創造論かということが問題です。これをはっきりさせなければなりません**（文鮮明『ファミリー』1995.8.23）。

① 進化論は共産主義を発展させる基台になった

マルクス主義と進化論は時を同じくして現れました。マルクスの共産主義思想とダーウィンの進化論は互いに手を取り合って、唯物論、無神論を展開し、神の存在を根底から否定しました。進化論は共産主義を発展させる基台になったのです。

- 神を否定し、世界を滅ぼす進化論

弱肉強食という論理、チャールズ・ダーウィンが『種の起源』によって生物の進化論を主張して、神様を否定し世界を滅ぼしてしまったのです。（文鮮明『ファミリー』1992.11.27）

- 共産主義は、進化論によって世界的に覇権をもつようになった今、世界の主流思想から見るとき、概念と実在が哲学世界の二大主流になり、有神論と唯物論、右翼と左翼の闘争によって世界に及ぼしたその被害は莫大なものです。左翼思想というものは、進化論によって世界的に覇権をもつようになりました。（文鮮明『宇宙の根本』158）

②進化論はキリスト教を滅ぼした

今日まで、キリスト教はダーウィンの進化論を克服できませんでした。その結果、キリスト教社会において、無神論が横行し、倫理・道徳の崩壊が目を覆うばかりになったのです。

・キリスト教を破壊した進化論

中世時代から今まで、歴史を経てきたキリスト教文化圏が最も混乱したものとは何かというと、人本主義思想です。人本主義思想を中心として出てきたチャールズ・ダーウィンの進化論が、キリスト教を滅ぼすことにおいて、主導的な役割をしたのです。（文鮮明『宇宙の根本』150）

フランス革命以後、人本主義思想を中心として啓蒙思想を経て、今の共産主義まで出てくるその過程において、このチャールズ・ダーウィンの進化論を中心として共産主義が一つにつづられ、今までキリスト教を完全に破壊のくぼみに陥れたのです。(文鮮明『宇宙の根本』162)

・アメリカでは、創造論よりは進化論を教育している

今もアメリカは、国会が開院される時は、祈祷から始めます。大統領が就任宣誓をする時、聖書の上に手を置いて神様の前に誓い、聖職者の祝祷を受ける国です。さらには、貨幣にも「我々は神を信ずる(In God We Trust)」という言葉を書いている唯一の国です。このようにしてアメリカは地球上に唯一、プロテスタントを信奉する世界的な形態を備えた国家となったのです。

ところが、今のアメリカはどうでしょうか。**公立学校では、公式的に祈祷を禁じています。創造論よりは進化論を教育しています。**さらには五〇パーセントに至る離婚率は、家庭の神聖さをことごとく破壊してしまっているのです。このような現実を心配されている神様の声を聞いた私は、既に一九七一年に祖国と家族をあとにしたままアメリカにやって来ました。何度も全国を巡回しながら私は、「火事になった家に消防士として来た。病気になっているアメリカを治療するために医者として来た」と叫びました。その時私は、既にアメリカを離れておられる神様を発見しました。**アメリカのいかなる所にも神様がいらっしゃらなければ**

ならないのに、**反対に至る所で神様が離れ始められたのです。**人々の心から、家庭から、学校から神様が離れておられました。振り返ってみると、ニューヨークのマンハッタンの五番街を歩きながら、アメリカを離れていかれる神様にしがみついて限りなく涙を流したのが、きのうのことのようです。不幸にもアメリカは私が予言したとおり、道徳的に衰亡の一途をたどっています。（文鮮明『真の家庭と世界平和』530-31）

③ 人本主義と神本主義の最終的な闘い

進化論はヘレニズム（ギリシャ風文化）に由来する人本主義です。他方、ヘブライズム（ユダヤ・キリスト教文化）に由来するのが神本主義です。今日、人本主義と神本主義が最終的な闘いを繰り広げています。

- ギリシャに端を発したヘレニズム思想は強者の闘争理論

ギリシャ思想哲学は、〝万宇宙は、すべて闘争である〟と見るのです。お互いが、〝怨讐である〟と見ているのです。しかし、それは怨讐ではありません。……共産主義理論である「資本論」や弁証法を見れば、そこでは〝**闘争して発展する**〟といいますが、そうではありません。闘争ではありません。（文鮮明『ファミリー』2003.7.25）

・ギリシャ哲学は力の哲学

ギリシャ哲学、人本主義思想は、力の哲学です。強者が勝つのです。それで、弱肉強食の論理を中心としたものが、人本主義思想です。ヘレニズム思想なのです。（文鮮明『祝福』二〇〇三夏、20）

④ 精神が先か、物質が先か

歴史を通じて、精神が先か、物質が先か、という問題が闘ってきました。そして今、この問題は最終的な局面を迎えようとしているのです。

・精神が先か、物質が先か

今から進化論と弁証法を壊さなければなりません。進化論さえ壊してしまえば弁証法は壊れるというのです。**今の闘いは何ですか。意識が先か、物質が先かという問題です。**共産世界は「物質が第一である、物質が最初である」と言い、民主世界では「意識が先だ」と言います。（文鮮明『宇宙の根本』148）

・意識が先か、存在が先か

ここから哲学でいう、唯物思想と唯心思想とが分かれるのです。これは歴史的な大きな問題です。哲学でいう「意識」が先か「存在」が先かという問題です。外的にみれば存在が重要視され、内的にみれば意識が重要視されます。ここにおいて**先後関係が逆転すれば天下がひっくり返るのです。**……この問題［二つの先後問題］を解決しなくては闘争概念を除去することはできないのです。そして今、これが歴史的な大きな問題となっているのです。（文鮮明『ファミリー』1982.6,6-7）

・人間は物質から出てきたか

共産主義は、人間は物質から出てきたと言います。それが可能ですか。物質にそうできる観念がありますか。……物質自体がそのような素質をもつ道がないのです。（文鮮明『神様の摂理から見た南北統一』579）

⑤科学的装いをしている進化論

キリスト教をはじめとする従来の宗教や思想はダーウィンの進化論に対して無力でありました。それは科学時代の今日、科学的装いをしている進化論に対して、科学的な観点から進化論の誤りを指摘し、神の創造を論証できなかったからです。

・神の創造はみ言（ことば）の魔力ではない

聖書の創世記は、創造というものを単純に、簡単に感じさせます。**神の創造は神のみ言の魔力によって成就されたというような印象を与えるのです。**神が簡単に「世界あれ」と言われて急速に世界ができ上がり、また「人間あれ」と言われてすぐアダムとエバが生まれたというような印象であります。

しかし、今日では、**この創造は決して簡単なものではなかった**ことが明らかにされてきています。神は御自身のすべてをその創造に投入されました。ほんの一オンスのエネルギーをも取って置くことはされませんでした。創造は、神の仕事の一切であり、御自身を与える努力の一切であったのです。神はその対象の創造に御自身の心と魂のすべてを注がれた時、御自身を百％投入されていたのです。（文鮮明『為に生きる』31）

・科学の時代にふさわしい創造論が現れなくてはならない

歴史は科学の時代に来ています。すべての根源を把握して種の起源を探究し、根本を追究する科学の発展時代が来ることによって、宗教もそこに歩調を合わせざるを得ないのです。

そこに主体的な観をもって、世界がどうであり創造の内容がどうだということを説明して、神様を立証できる宗教が現れなければならないのに、そのような宗教がないので、神が生きている限りそのような宗教の内容を準備しなければならないのです。（文鮮明『真の神様』92）

・従来の宗教の経典には論理的な創造説がない

各宗教の経典の欠点とは何かといえば、創造説がないというのです。**神様が創造されたプログラムがないというのです。**それで、あらゆる論理を中心として論告を書くのです。創造説がないので、創造の方向と創造目的を知らないのです。これだから世の中が自分勝手になり、進化論だ、何論だというものを掲げてきて自分の思いどおりにやってしまい、自分の思いどおりに行動してきたというのです。ですから、創造説がどうだということをはっきり知らなければなりません。（文鮮明『宇宙の根本』163-164）

⑥進化論を克服する「統一思想」

進化論と闘って、これを克服しなければ、神様の願う理想世界は実現できません。しかしキリスト教をはじめ、従来のいかなる宗教も、いかなる思想も、進化論を克服できませんでした。進化論を克服できるのは文師の「統一思想」だけです。

・進化・創造論争を収拾する統一思想

進化はどこから始まったのかといえば、アメーバから始まったというのです。進化なのか、神様が創造したのか、この二大論理が文総裁によってきれいに整理されます。進化論は、神様を否定する無神論が作り出したものです。進化論は、科学世界に途方もない被害をもたらした怪物です。(文鮮明『宇宙の根本』155-56)

・科学的な評価によって進化論を打倒

ダーウィンは『種の起源』を中心として神を否定しました。すべての万物は進化して発展してきたという進化論が問題なのです。それが正しいか、正しくないか。統一教会はこの問題を中心として共産主義を打倒していくのです。今日、理論的な面から、それが正しいのか、正しくないのか、科学的な評価によって全て決定し、打倒するのです。(文鮮明『祝福』一九九四夏、17)

⑦宗教と科学と思想の統一

科学的な観点から進化論を克服することにより、宗教と科学が思想を媒介として一つになります。

科学は結果的な世界を探る論理であり、宗教は心情に通じる分野であり、思想は今までの文化史を中心とした論理です。この三つの系統が伝わってくるのですが、これがすべて別々になっています。宗教は宗教なりに、科学は科学なりに、思想は思想なりにすべて別になっているというのです。神様はお一人であるため、これを互いに分けておくことはできないというのです。**終わりの日になれば、神様を中心として宗教と科学と思想が一つにならなければなりません。**（文鮮明『天聖経』638）

一つの思想体系、すなわち「統一思想」を中心として、宗教と科学と思想が、最高の頂上の位置において連結されることにより、高度に発達した科学時代の今日、神の願いである理想世界の実現に向かっていくのです。

宗教的最高の頂上から科学的最高の頂上に通り、思想的最高の頂上まで連結できる、地上に現れている一つの思想体系において、宗教の理想的な基盤となっているところは、統一教会しかありません。ですから、神様が統一教会を通して代わりに役割を果たさせるという論理的結論が出てきます。これは人間がするのではありません。神様が今の時代において科学をこのように急激に発展させ、宇宙科学まで発展させたのは、宇宙を主管するための思想的な変革時代に入ったからです。科学がこのようになったのは、宗教的統一圏を、宇宙を含む統一圏に拡大するからです。そのようにしなければ、宗教と科学と思想が一つになることができません。（文鮮明『天聖経』638）

まとめ

共産主義思想と進化論は時を同じくして現れました。それは闘争を発展の原動力と見るギリシャ思想すなわちヘレニズムを源流としたものです。マルクスの共産主義思想はソ連の崩壊とともにその輝きを失っていきましたが、ダーウィンの進化論は科学的な装いのもとで今なお、茨のように世界を覆っています。進化論が生き続けている限り、神の理想であるエデンの園を建設することは不可能です。しかるに今日まで、キリスト教をはじめとする従来のいかなる宗教も、いかなる思想も進化論を克服できませんでした。この進化論を克服できるのは、科学的に神の創造を論証し得る文鮮明師の提唱された統一思想なのです。

(2)　自然界に目的はあるか？

もし生物に目的があるとすれば、目的を立てたのは誰かということで、創造主である神を認めざるを得なくなります。したがって、進化論者は絶対に、生物に目的を認めようとしません。ですから目的を認めるか否かということは、大きな問題です。そこで、この問題について検討してみます。

①　進化論では、生物には目的も方向性もない

進化論によれば、生物界は適者生存、弱肉強食の世界であって、生存に適したもの、繁殖力の強いもの、力の強いものが生き残ってきたのです。したがって生物は目的をもって存在しているわけではなく、定められた方向性もないのです。進化論と同様、唯物論の共産主義においても、目的も方向性もありません。

・共産主義においても、進化論においても、方向性も目的もない

宇宙は、どの方向に向かっていますか。その方向性をつかむことができなければ目的観が

出てこないのです。共産主義者たちは、進化論を語るので目的観がありません。（文鮮明『宇宙の根本』153）

弁証法では、方向性とか目的性を認定しません。その次に、作用性に対する根本問題に触れないようにします。（文鮮明『神様の摂理から見た南北統一』588）

・闘争と破綻があるだけ

神様の創造には真の愛の目的がある反面、共産主義には闘争と破綻があるだけでなく、結局、すべて消えてなくならざるを得ないのです。神様が主体と対象を通じてつくられた創造には、方向性と目的観が内在していますが、唯物論をパターンとした共産主義理論には、何の方向性も目的観もあり得ないのです。（文鮮明『真の家庭と世界平和』378-79）

②目的と方向性なくして発展することはあり得ない

リンゴの種にはリンゴの木になり、リンゴの実を実らせるという目的と方向性があって、種は芽を出して成長します。つまりリンゴの種の中には、ＤＮＡの遺伝暗号として、設計図が組み込まれているのです。宇宙もビッグバンから始まったと言いますが、その背後に神の言、すなわち設計図があったのです。さらに、地球上に人間が存在できるように、宇宙のあらゆる物理法則が見事に調整されているのです。つまり宇宙は人間の生活の舞台という目的と方向を持って今日まで発展してきたのです。

「人間原理」というものがあります。それは「宇宙は、意識や知性という能力を持つ存在（人間）を生み出すのに必要な性質のすべてを、きわめて正確に持ち合わせている」というのです。すなわち、宇宙は「目も眩むばかりの正確さをもって調整されている」のです。この事実も、宇宙には創造の目的があることを強く支持するものです。

- 発展するためには目的がなくてはならない

主体と対象が作用して現在よりも劣るようになれば作用しないのであり、より良くなり得るお互いの目的を発見すれば作用するのが原則になっているというのです。……発展するためには、より強い力が加重されなければなりません。そうでなくては発展できません。その力は、**作用することができる目的と対象がなくては絶対にできないのです。**（文鮮明『宇宙の根本』140）

- 動機、原因が最初にあり、方向が生じる今日、進化論者たちは、「宇宙が発展した、自然発生だ」とこのように言うのです。ところが、どのように自然発生するのかというのです。どのようにしてそのまま自然発生することができるのかというのです。原因もなく、動機もなく、過程もなく、結果もなく発生することができるのかというのです。動機が最初であり、原因が最初であり、その次が方向です。

（文鮮明『宇宙の根本』148）

・方向が向かう終着点が目的

進化するには勝手に進化するのではなく、方向があるべきです。方向を知らなければなりません。方向が絶対に必要なのです。方向には、その方向が行こうとする終着点があるべきです。それが目的なのです。目的観がなくてはならないのです。（文鮮明『神様の摂理から見た南北統一』582-83）

目的はお互いのための目的であり、作用と方向はその目的に向かっての作用であり、方向です。

進化も、一つの作用として見るならば、なぜ起きるのかというのです。一人では作用ができません。作用とは、相対的関係から起こるのです。作用するにおいて、必ず二つとも利益になって大きくならなければならず、小さくなれば絶対に作用しません。この原則を知らなければならないというのです。男女がお互いに愛を中心にして作用しようとするのは、自分たちが損害を被るためではありません。**より次元の高い発展のために、その目的のために、作用しようとするのです。**

その作用は誰のための作用でしょうか。お互いのための作用であるという結論が出ます。その方向は誰のための方向でしょうか。**お互いのための方向です。**お互いのための方向からのみ発展します。その目的は誰のための目的でしょうか。お互いのための目的です。お互いのための目的からすべてのものが形成されるのです。（文鮮明『神様の摂理から見た南北統一』587-88）

人間も万物も目的をもって生まれたのです。

根本的に人間がどこから生じたのかという問題を見る時に、人間自体の意識、あるいは、人間自体の発展的作用の何かの原因によってそうなったのではありません。必ず根本的な作用があり、方向性があり、目的観があったということを認定できる内容を、先に提示しなければならないのです。このように見る時、**人間とかすべての万物が自分勝手に進化、発展し**

たのではなく、必ず作用はこうあるべきだ、方向はこうあるべきだ、目的はこうあるべきだという意識の決定的な目的的実体として存在し始めたということを、我々は論理的に否定できないという事実を知るべきです。それでは、人間はなぜ生まれたのでしょうか。人間は、高等動物としてなぜ生まれたのかというのです。人間は高等動物として作用し、高等動物として行くべき方向があり、高等動物として成すべき目的をもって生まれました。（文鮮明『神様の摂理から見た南北統一』590-91）

それでは進化の方向を誰が決めたのでしょうか。創造主である神にほかなりません。

進化する時、進化の方向がどのようになるのですか。**その方向性を誰が決定するのかというのです。**進化するアメーバ自体は、方向性を備えることはできません。（文鮮明『宇宙の根本』143）

アメーバから発展して人になる時まで、数多くの高次元の段階を経ていくのに、その方向を、**高次元に向かって発展することができる方向を誰が定めてあげたのかというのです。**なぜそのように高次元に向かうのかというのです。（文鮮明『宇宙の根本』163）

③ 神はなぜ天地を創造されたか

神が天地を創造されたのは、神の愛が充満する愛の理想世界の実現です。心の中で思い描くだけでは刺激的な喜びになり得ないので、神は、神の愛に反応する実体的な対象として、人間を中心とした天地を創造されたのです。

神様は、なぜ天地を創造されたのでしょうか。いくら絶対者だとしても、一人では喜びを感じることができず、たとえうれしいと思っても、喜びの刺激を感じることができないからです。絶対者がいくら「私は絶対者だ。私は愛の主人公だ。生命の主人公だ」と言ったとしても、絶対者一人では愛の刺激を感じることができず、天地が自分の体の中にあるという生命の刺激を感じられないのです。（文鮮明『天聖経』603）

④ 万物は人間の喜びのために造られている

人間は神が直接愛される愛の対象として創造されましたが、万物は人間の愛の対象として創造されました。そして神は、人間と万物が神様の愛を中心として一つになり、和気あいあいとした愛の世界をつくるのを見て、喜ぼうとされたのです。

万物は個体目的と全体目的を持っています。したがって生物はそれぞれ生存に適しているのみならず、「ために生きる」ように造られているのです。小さなものは大きいもののために、そして究極的には、人間の喜びのために造られているのです。

・花の美と香りは人間の為にある

例えば、草花の花が咲き香りがするのは何ゆえでしょうか。その草花が、花が好きで香りが好きだからあるのですか、でなければ、だれのためにあるのかというのです。人間が自分の顔を見られないのと同じく、花びらは自らを見ることができないのです。ですから、**美しく花を咲かせたり、香りを漂わせるのは、それ自体のためではなく、その花と香りを好みうるそのだれかのためにある**という結論を下すことができます。（文鮮明『祝福家庭と理想天国Ⅰ』838-39）

・人間のために美しい色相と陰陽の調和を顕示する花

神様の創造は実に奥妙です。御自身の子女であり愛の対象として創造した人間の完成と幸福のために、森羅万象を先に創造され、環境を準備されました。神様の創造物の中で傑作の一つである花について、一度考えてみてください。**何げなくぽつんと野原に咲いている名も**

花は私たちを楽しませるために美しく咲いています。

ない花に至るまで、花には明らかに創造主の意志と目的が隠されていることを、簡単に発見することができます。花としての生を表現し、完成していく姿は、実に驚異的だと言わざるを得ません。**花は、「人間のために」万物の霊長である人間もまねできないほど、美しい色相と陰陽の調和を顕示しています。**（文鮮明『天聖経』1402）

進化論者は、花は昆虫を引きつけて花粉を運んでもらうために咲いていると言います。しかし、昆虫たちはほとんど色盲です。ある程度、色合いが分かる昆虫もいますが、それは目印の役割にすぎません。昆虫たちが引き寄せられるのは花の匂いです。花をきれいだと感動して見ているのは、我々人間だけです。したがって花は、その価値を認識できる人間を楽しませてくれるために咲いているのです。宇宙万物はすべて、男性（アダム）と女性（エバ）に歩調を合わせ、喜び、反応しているのです。

本来、アダムとエバが手を取り合って通り過ぎると、宇宙はそれに歩調を合わせ、喜び反応し、神様もそれに対してすべての主体的作用を起こします。どんなに素晴らしいことでしょう。それは何か、昔話とか伝説のような話ではなく、今日、私たちの生活圏内における、感情の世界と連結する本然の世界であるというのです。直接的に今日の私たちの生活環境と接することができるのです。（文鮮明『御旨と世界』993）

⑤ 万物同士も、互いのために生きている

花は昆虫たちに蜜を与え、昆虫たちは花を受粉させるというように、互いのために生きています。

［花は］けんらんな色相に魅了されて寄ってくる蜂や蝶たちの心をとりこにしてしまう、万能の香りも発しています。さらには、あまりにも強くてまぶしく、見詰めることも大変な太陽の光を包み、生命を創造して守ってくれる自然の光に変える、和合と平和の光を発散しています。せっせと出入りし、自分の種を繁殖してくれる、虫や蝶たちのためには、甘い蜜を提供することで報いるという道理も忘れていません。（文鮮明『平和神経』227-28）

花と香りがあるのは、チョウとハチがやってくるようにするためです。香りがあるのは、それらがやってくることのできる方向を教えてあげるためであり、花が咲くのは、区別させてあげるためです。（文鮮明『祝福家庭と理想天国I』839）

⑥ クジャクの見事な尾羽

クジャクの尾羽は進化したものか、創造されたものか、しばしば、進化・創造の論戦に取り上げられています。

ダーウィンはクジャクを見るといつも気分が悪くなったそうです。クジャクのオスは、重くて大きな尾羽を持っていますが、それでは素早く行動することができません。それは生存競争に有利なものが進化したという理論に合わないのです。そこで彼はクジャクの尾羽で頭を悩ませた結果、次のように結論しました。

クジャクのオスは、メスを求めてオス同士で争うが、メスは最も華麗な尾羽を持っているオスを選んだというのです。これを雌雄選択（雌雄淘汰）と言います。つまり、オスはメスを求めて争うが、メスはきらびやかなオスを選び、みすぼらしいオスにはメスは近寄らず、その結果、きらびやかなオスが子孫を繁殖でき、みすぼらしいオスは滅びたというのです。そのような雌雄選択が代々行われているうちに、オスは見事な尾羽を持つようになったというのです。

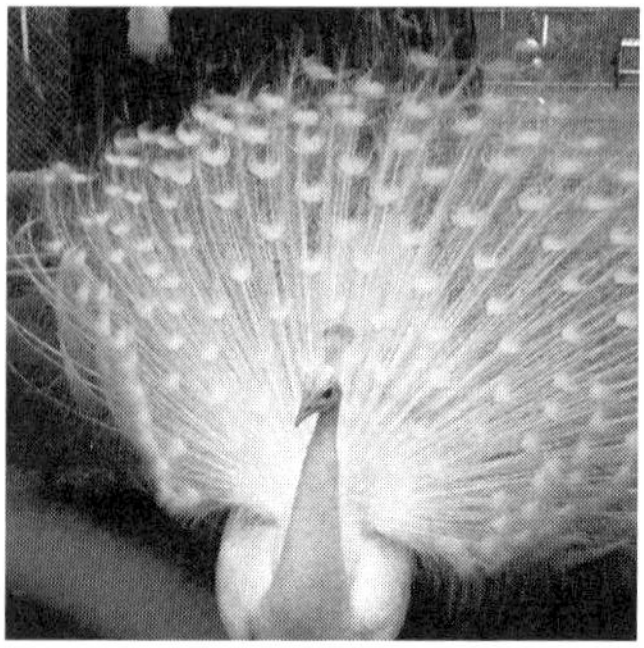

真っ白い尾羽

カラフルな尾羽

しかしこれはおかしな理論です。鶏のオス同士が戦えばどうなるでしょうか？　羽は抜け、とさかは傷つきます。ですから、クジャクのオス同士が戦っているうちに、羽が伸びて、見事な、カラフルな目玉模様ができるということはあり得ないことです。ところで、たとえきらびやかなオスが生まれたとしても、メスによるえり好みが、「なぜ進化するのかは、とても一筋縄にはいかない、難しいことであり、……どのようなシナリオで進化したのか、本当のところはまだ解決していない」（長谷川眞理子『オスとメス＝生の不思議』164.173）のです。

ところで、真っ白い尾羽を持っているクジャクもいます。このオスのクジャクはメスを追いかけて、オス同士が争っているうちに、真っ白いドレスのような尾羽ができたのです。ところがインドのクジャクはカラフルな尾羽になりました。オスはただメスを追いかけていただけです。この真っ白い尾羽を持っているクジャクとインドのカラフルなクジャクにどんな違いがあって、そのようになったのでしょうか。それぞ

スイカを食べて満面の笑みを浮かべている女の子

スイカは、人間のために、豊かな水分、甘い味に魅力的な果実を実らせています。

れが見事なドレスを与えられていると見たほうが自然でしょう。

クジャクの雌は雄の見事な尾羽に魅せられているのかもしれませんが、雌が雄に魅かれるポイントは、目玉模様の多さではなくて、雄の鳴き声だったという東京大大学院総合文化研究科の高橋麻理子特任研究員らの研究もあります（「毎日新聞夕刊」2004.9.25）。クジャクの尾羽を真に感動的に見つめているのは我々人間です。

⑦　大量の水分を蓄えるスイカ

スイカは大きな果実の中に大量の水分を蓄えていますが、スイカにとってそれほど大量の水分が必要なのでしょうか？実は必要ありません。春になれば、雨が降ってきますから、種が地に落ちれば芽が出て、次の世代のスイカが成長できるからです。また果肉の赤い色や甘い味も、スイカにとっては必要ないものです。スイカは我々人間を楽しませてくれるた

蝶のファッションショー

めに、大きなジューシーな果実を実らせているとみたほうが自然です。

⑧ 蝶の斑紋の不思議

蝶たちはまるでファッションショーのように、きらびやかに舞っています。しかし、厳しい生存競争の中でファッションショーなどしている余裕はないはずです。敵に襲われないように、目立たないようにしていなければならないはずです。しかし蝶たちは、キラキラ輝きながら舞っています。何のために。やはり人間を楽しませるために舞っているのです。四枚の羽で一つのデザインをつくりだしており、蝶が止まって羽を広げる時に、ぴったり合うようになっています。その上、隠れた部分には模様がなく、白紙になっているという事実も、蝶の模様は人間に見せてくれるためだということを示しています。

⑨ 擬態をしている不思議な虫

次は擬態をしている不思議な虫たちについて考えてみましょう。進化論者は、突然変異によって、たまたま環境に溶け込むことができたものが、鳥に見つからないで生き延びることができた、すなわち生存に適していたとして、擬態は進化の証拠だと言います。果たして、そうでしょうか？　偶然の突然変異によって、このような擬態が生じるのでしょうか？　突然変異といっても、伸びたり縮んだり、色が変化するくらいです。微に入り細に入り、デザイン、色合いまでそっくりに変身するということはあり得ないことです。実際、多くの昆虫学者たちは、擬態を突然変異と自然選択で説明するのは困難だと考えています。

ちょっと似ているというのならわかる。だが、なぜそれほどまでに。……ある昆虫が、植物やほかの昆虫に擬態する理由はなにか。ダーウィンが、自然選択による種の進化を唱えてから百四十年。今や、おおよそ解決済みとみる研究者がいる一方で、まだ本質をつかみ切れていないのでは、とモヤモヤを心に抱く昆虫学者が多いのも、また事実なのだ。（「読売新聞夕刊」1999.6.28）

人間を驚かせ、感動させるために擬態があると見るほうが自然です。

彼らは、だれに見せたくて、こうなったのか。「昆虫の擬態は、モデル、まねる虫、鳥、そして『観察する人間』という四者関係の問題」と池田教授。**どれほど似ていれば人は驚き、感動するのか。**昆虫の擬態の話は、いつの間にか、人間の認識とは何か、というテーマになってくる。

（「読売新聞夕刊」1999.6.28）

人間の顔に似たジンメンカメムシがいます。これはカムフラージュではなくて、目立ちすぎですが、進化論者は捕食者の鳥を驚かせて生き延びたと言い、これも進化の証拠だと言います。しかしカメムシが逃げ回っているうちにこんなになったとは考えられません。

ジンメンカメムシ

メダマヤママユという目玉模様があるガがいます。ガが逃げ回っているうちに、こんな目玉模様ができるのでしょうか。進化論者は、このガは鳥を驚かせて生き延びたと言います。しかし鳥はやがて、この擬態を見破るそうです（ＮＨＫサイエンス・スペシャル『生命４』76）。このガを見て驚くのは我々人間のほうです。

これらはユーモアのある神様の作品だと見たほうが自然でしょう。すなわち、人間が驚きながら喜ぶように、神はそのような虫を作られたのです。神様はユーモアの大王なのです。

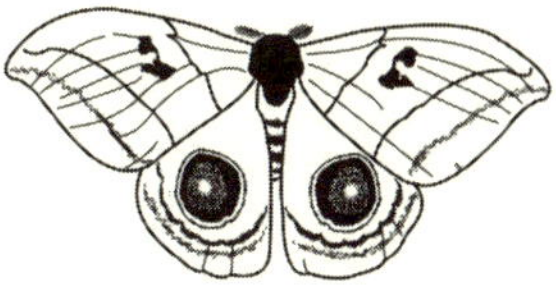

メダマヤママユ

神様も冗談が本当に好きです。ユーモアが好きです。ユーモアの大王は誰でしょうか。誰かと言うと、神様です。全知全能なのでユーモアも多いのです。笑うときもにこにこ笑い、おなかをよじりながら笑い、転げ回って笑わせることができる大王とは誰ですか。神様です。そんな大王が神様だというのです。（文鮮明『真の神様』53）

まとめ

進化論も共産主義も自然界に目的を認めようとしません。目的を認めれば、目的を立てた主体である神を認めざるを得なくなるからです。それゆえ、自然は法則に従っているだけだと主張します。しかし自然界の法則は人間と万物が生存し得るように、見事に定められているのです。また万物はすべて二重目的を持っていますから、それぞれが生存に適していながら、小さいものは大きいもののために存在し、究極的には、人間を喜ばせるように造られているのです。ユーモアのある神は、人間が驚きながら喜ぶようなユニークな生物も造られています。

(3) 弱肉強食・適者生存か、ために生きるか？

〝歯も爪も血まみれの自然〟という言葉に象徴されるように、進化論者は、自然界では、食うか食われるか、生きるか死ぬかの仮借のない闘争が繰り広げられていると見ています。今日、最も影響力のある進化論者の一人であるリチャード・ドーキンスは次のように述べています。

「〝歯も爪も血まみれの自然〟という表現は、自然淘汰というもののわれわれの現代的理解をみごとに要約していると思う」（『利己的な遺伝子』1）

「普遍的な愛とか種全体の繁栄とかいうものは、進化的には意味をなさない概念にすぎない」（『利己的な遺伝子』1-2）

進化生物学の観点から論じている人類学者の長谷川眞理子によれば、動物たちは、人間に道徳の手本を示すためにこの世に存在するのではなく、彼らは自分自身の生存と繁殖のために、必死に生きているだけだと言います。

そもそも動物たちというのは、人間に道徳のお手本を示すためにこの世に存在するのではありません。彼らは自分自身の生存と繁殖のために、あらゆることをしながら一生懸命生きているのです。（長谷川眞理子『クジャクの雄はなぜ美しい？』164）

動物で見られる現象を、そのまま人間に当てはめてはいけない。それは、クジャクがやっていることが、そのままアザラシにあてはまらないのと同様である。人間について考えるには、人間の生態をよく知らねばならない。動物の行動の中に、なんらかの人間の「価値」や「道徳」を見ようとしてはならない。科学的見解は、何らかの価値観や道徳的判断を提供するものではないのである。（長谷川眞理子『クジャクの雄はなぜ美しい？』226）

果たして、このような進化論の主張は正しいのでしょうか？　次に、「統一思想」の観点からこの問題を論じていきます。

①　小さなものは大きいもののために存在している

小さいものは大きいものに食べられていますが、それで小さなものが滅びるわけではありません。小さいものは、多く繁殖し、大きいものは少なく繁殖し、全て滅びないようになっているのです。

・小さいものは、大きいもののために犠牲になっている

小さいものは、より大きいもののために犠牲にならなければなりません。そのために、小魚は大魚に喰われ、虫は小鳥に喰われ小鳥は鷲に喰われ、鷲は狐に喰われるのです。**大きいもののために犠牲になるのが原則です。**（文鮮明『祝福』一九九三夏季号、35）

・小さいものは多くの子を産む

本当に面白いことは、食物連鎖のバランスです。猛獣といわれるものは、思いのままに子どもを産むことはできません。一年に一度ずつ子どもを産みます。ライオンや虎は、二年から三年で子どもを産むのです。うさぎは、四か月から五か月に一度ずつ子どもを産みます。（文鮮明『ファミリー』2003.7,24-25）

小さいものは大きいもののために犠牲になりますが、それは単なる犠牲ではありません。犠牲になりながら、大きいものを建設しているのです。そして生物は究極的には人間に吸収されることを願っているのです。

・犠牲でなくて建設

動物同士の間でも原則は同じです。それは神がそう造ってあるのです。**猛獣の牙や歯を見れば、それはもう一見して他の動物の肉を食うようになっている。それを食べないで何を食べるというのでしょう。あの口と歯で草を食べるのでしょうか？**　小さなものを犠牲にして大きなもののためになるよう、そのようにつくってあるのです。

そういう行為が神の愛に反するといえば、人間が米を食べるのも罪になります。草は動物より一段階遅れた生物です。動物は自由に動ける存在ですから。植物でも切ったら水が出ますよ、涙みたいに。一段階遅れたところに植物があるのであって、それはそれなりの生命力をもっているのです。

上位のものが下位のものを土台にしなければならないというのが自然界の原則です。土台にするにはそれを自分に引き寄せなければなりません。……しかしそれは**犠牲でなくて建設なのです。**（文鮮明『新天地』1986.7.17-18）

・万物は人間の食べ物となることを喜ぶ

本来、万物は真の人間を通して連結されるようになっているので、人間の食べ物となることを喜ぶようになっています。では神にとっての食べ物は何ですか？　それは愛です。皆さんは神の食べ物（ラブ・フード）になりたいですか、なりたくないですか？　**西洋の弱肉強食の考え方は正しくありません。この考え方によれば弱者は強者のための犠牲になるだけで何ら喜びがありません。**そのため弱者は強者に対して復讐したいと感じるようにならざるを得ません。（文鮮明「中和新聞」1990.10.15）

そして生物の生涯には、食べられないで一生を送る場合と、より大きいもののために吸収される場合という二つのコースがあるのです。

いかなる存在も二重目的を持っています。たとえば植物ですが、植物それ自体が目的を持つと同時に、全宇宙的な目的を持っています。**個体としては動物に食べられず、実を結んで種子をつくるという平常のコースをたどります。しかし、第二の目的完遂のためには自分を犠牲にしてまでもその道をたどらなければなりません。**（文鮮明『新天地』1986.7.17）

② 自然界は全体的にバランスがとれている

ここで一例として、アメリカのイエローストーンにおける生態系について見てみます。イエ

オオカミのいない
イエローストーン
1926 ～ 95年

オオカミが復活した
イエローストーン
1995 ～現在

National Geograhic, 2010. 3

ローストーンでは、オオカミが家畜を襲うということで、一九二〇年代の後半に、人間が、オオカミを射殺し、罠にかけ、毒入りの餌を食べさせたりして、オオカミを駆除してしまいました。ところが、オオカミがいなくなると、オオカミに食べられていたエルクが大量に繁殖して、彼らが草や木の新芽を食べつくしたので、緑がなくなり、土手の侵食が進みました。またコヨーテが増えて、小動物を食べ尽くしたので、猛禽類がいなくなってしまったのです。

この事態に危惧の念を抱いた当局が、一九九五年と九六年にカナダからオオカミを導入しました。オオカミが復活することにより、エルクは半減しましたが、滅びることなく、隅に追いやられました。コヨーテも減少し、小動物が復活し、猛禽類も帰ってきました。

このイエローストーンの生態系の現実を見れば、強者のオオカミが弱者を滅ぼすという弱肉強食の世界でなくて、全体としてバランスよく、みな共存していることが分かるのです。

文師は、大きな山には虎がいなくてはならないと語っています。

もし、山に虎がいなかったら大変です。虎の食事の時間は、一時から三時、真っ暗な夜中です。朝なんかに食べ物を取って食べていた場合には、小さな動物がみんなぺちゃんこになるのです。神様はそのように、系列をちゃーんと安全地帯につくっているのです。だから、虎なんかは一晩中獲物を求めて四十里も走り回らなければならないのです。四十里は大変です。そういう活動をするのだから、昼間は寝るのです。寝るにしても山の高い所に寝るのだから、小さい獣たちに乱暴できません。勝手なことをすることはできないのです。（文鮮明『訪韓修練会御言集・続編』63）

動物たちは、種を保護するために、互いに協力しながら生きているのです。

動物は、種を保護するために、互いに協力しながら生きていきます。アフリカのしまうまは、ライオンが来れば自分の子たちを真ん中に押しやり、後ろ脚でライオンを蹴飛ばしながら保護します。ライオンも、食べる物を手に入れれば、自分たち同士で争いながらも、すべて分けて食べるのです。そのように自然から学び、自然が和合しているのと同じように生きなければならないのが私たちの人生です。(文鮮明『天聖経』597)

③　弱肉強食の闘争理論ではなくて、愛の吸収論理

万物は、小さいものは大きいものに吸収されていきます。それはより価値あるもの、より次元の高い愛へと上昇しているのです。これを「愛の吸収論理」と言います。すなわち、全ての存在は上位の存在に吸収されながら、より高い愛の次元に上昇していくのです。

ですから鉱物、植物、動物と、創造目的の高い価値基準に対して、その目的を求め、さらに高い価値を願うのです。そして、小さいものはより大きなものにと吸収されていくのです。……**弱い者が強い立場にある者と一体化することによって、さらに高い愛のレベルが生まれるのです。**(文鮮明『ファミリー』1990.8.51)

それゆえに、万物をこのようにつくったのです。すべて小さいものは、大きいものに吸収

されなければならないのです。**より愛を多く受けることのできる所に吸収されるのが、理想となっているのです。**（文鮮明『ファミリー』1994.9.23）

すべての元素も、微々たるものも、愛の道を訪ねていくのです。神様と一体となりうる、愛と直接接することができる細胞を訪ねていくのです。それが人間です。それゆえ、愛のためには犠牲にならなければならないのです。投入しなければなりません。分かりますか？**級の低いものは、級の高いそこに自分のすべてを投入しようとするのです。それゆえ、ダーウィンの進化論ではなく、愛を中心として吸収する論理です。**（文鮮明『天聖経』252）

万物は、究極的には人間に吸収されながら、人間から愛され、主管されて、愛の本拠地である神の愛に至ろうとしているのです。

宇宙にいっぱいに満ちたすべての存在は、**自分のレベルで相対と共に存在しますが、結局より高い愛の次元に吸収されて上昇する**という原則に従うのです。すなわち、鉱物は植物に、植物は動物に、結局は人間にすべて吸収されることを願うのです。ですからすべての存在は、捕まって食べられたり、吸収されたりして、より高い愛の次元に上がり、最後は愛の根源であられる神様の最も近い愛を受ける立場まで進んでいくようになるのです。このようにすべての存在が究極の目的地とするのは、正に真の愛の本質だというのです。（文鮮明『真の家庭と世界平和』377）

それゆえ、**鉱物が神様の愛の本拠地に行こうとすれば、植物を通さなければならず植物が行こうとすれば、動物を通していかなければならないのです。動物が神様の愛の本拠地に行こうとすれば、より一層大きな動物を通して、最後は、人間を通していくのです。**ルートがそのようになっているのです。……鉱物が植物に吸収されて、花にもなり、美しく五色に輝けば、「私達がつくった。私達の愛を象徴する植物だ」と喜ぶのです。それから植物が言うには、「動物達が五色のすべての種類を愛することのできる世界を、私たち草がつくった」と言うのです。小さい動物は、「虎とライオンの餌食になりたい」というのです。それからライオンは、「私よりももっと高い愛の主体は人間だから、人間の所に行こう」というのです。（文鮮明『ファミリー』1997.4,9）

元素は、愛の元素になって鉱物に吸収され、鉱物は、愛の元素を引き入れて植物に吸収されることを願うのです。**神様の愛の対象の位置まで、人間まで訪ねていくのです。**……低級のものは高級の存在に吸収されるようになっています。吸収されることによって、自分の価値やレベルが高い存在に上がっていくのです。（文鮮明『天聖経』636）

我々人間が牛を殺して食べても、誰からもとがめられません。同様に、ワニがヌーを食べても、ライオンがシマウマを食べてもそれをとがめることはできないのです。もしヌーやシマウマを捕食するものがいなくて、彼らがどんどん繁殖すれば、食べる草が足りなくなり、彼らの生存は危うくなるのです。したがって、ヌーやシマウマも一定量以上に増えないようになっているのです。

・ワニがヌーを食べる

以前、ナイル川のワニを見たのですが、大きな牛（ヌー）を一度にのみ込んでしまいました。それを見ながら私は「ああ、あれほど大きなものが一度にのみ込まれてしまうのか。牛は気分が悪かったとしても、幸福だろう」と考えました。（笑）そのようなことを少し考えてみなさい。死ぬことは死ぬのですが、病死するよりも、そのように死ぬほうが……。そのような時は、ワニがどれほど喜びますか？（文鮮明『祝福』二〇〇一夏季号、15-16）

ワニたちは、年に一度、ヌーがやってくるのを、おなかをすかせながらじっと待っているというのです。

④ 万物は愛の教科書

神は万物を、人間アダムとエバをモデル（標本）として造られました。アダムとエバの身体をモデルにしたのみならず、アダムとエバによって完成しようとした真の愛をモデルとして、万物を造られました。したがって、我々は万物を通じて真の愛を学ぶことができるのであり、万物は愛の教科書なのです。

・真の愛を象徴的に表現

存在するすべての鉱物、植物、動物は、何を根源としてつくられたのでしょうか。それらの生命自体を見て喜ぶためではありません。その根源は、どこまでも真の愛を模倣したのです。**真の愛を中心として、あるものは東方何度の位置に存在し、またあるものは上下、前後のある位置に存在する立場で、愛の象徴的、形象的な実体として展開されたのです。**（文鮮明『後天時代の生活信仰』154）

・理想的な愛の教材

自然はすべて、アダムとエバが理想的な愛を実現するための愛の標本であり、愛を教示する教材、すなわち自然博物館です。愛を教えてあげるための博物館です。それで人を完成させるのです。愛を完成させるためのものです。鉱物界も「早く愛を完成しなさい」と言い、植物界も「愛を完成しなさい」と言い、動物界もそのように言います。人間が愛を完成し、神様の愛が完成することを願うのです。（文鮮明『天聖経』598-99）

アダムとエバが成長している時に、万物は彼らにとって愛の教科書以外の何ものでもなく、無限なる種類の愛の現れを見せていました。**神の男性と女性を象徴するアダムとエバは、神の愛の教科書、つまり自然界の生活を通して、だんだんと愛に目覚めていくようになっていました。**彼らは、完全に成熟して、結婚の理想を実現するはずでした。（文鮮明『続・為に生きる』187）

なかでも鮭やインコは代表的な愛の教科書です。

・鮭の中に理想的な夫婦のイメージが見られる

雄と雌の鮭は、並んで共に川を上がり産卵の場所まで泳いできます。彼らがはるばるそのような旅をする目的は、卵を産むということです。そして、夫婦は卵を産む場所で川底を掘り始めます。産卵の間、雄は雌を守るようにその周りを泳ぎ回ります。やがて彼らの皮膚の色と筋肉の色が変化し始め、そして卵を産むという使命が完遂された後は、彼らは命を捧げて死んでしまいます。**彼らの体はやがて腐敗し、そして卵からかえったその小さな魚のための飼料となるのです。**これが彼らの運命ですが、卵を産むことによって繁殖することに成功します。**それは愛のためなのです。彼らは恐れることなく、共にその運命に向かって進んでいきます。**これは本当に見るのは美しいことです。このような鮭の中に理想的な夫婦のイメージが見られます。（文鮮明『御旨と海』561）

・インコも愛のシンボル

インコという鳥も愛のシンボルです。インコがお互いにくちばしを付け合ったり、鳴いたりするのは、なぜかと言えば愛を表すためなのです。**インコも愛を教えてくれる偉大な教師なのです。**（文鮮明『ファミリー』1984.9.22）

⑤ 万物は神の心情の表現

全ての万物は人間を喜ばせようとして造られたものであり、神の心情（愛）から生まれたものです。したがって、そのような神の心情に通じる立場で万物を見つめなくてはなりません。

私たちは、天下万象を何げなく見つめてはいけません。神様の大創造理念世界の存在物はすべて一つの愛を目的として動くので、**極めて微々たる存在だとしても、そこには神様の全精力が宿っているのです。**神様は、この被造世界を六日間でお造りになりましたが、その一つ一つの存在物、例えば一日目や二日目に造られた存在物にも、六日以降に展開する大宇宙の創造理念が連結されていました。このように見るとき、どんなものであっても、**神様の心情を根として造られなかったものは一つもないと断定できるのです。**（文鮮明『天聖経』663）

野原に育っている微々たる一本の草も、神様のみ手を経ていないものはありません。成長している一本の木を見ても、そこには神様の無限な内的心情を通した事情が通過しているのです。草木だけでなく、野原で飛び回っているいかなる動物や昆虫、もしくは鳥類も、これらは何げなくできたのではなく、徹頭徹尾、神様の内的な心情を通して造られ、実体のみ手を経て造られたというのです。（文鮮明『天聖経』663）

天の心情を欽慕し、天の理念を待ち望み、天の復帰の園を見つめる真の心をもったという人の中で、神様を仰ぎながら栄光の位置、楽しむことのできる位置で喜びを体得するために努力する人は多いかもしれませんが、**微々たる草木から昆虫、さらには全体に及んでいる父の内的心情を思い起こしながら喜べる人は少ないというのです。**自分の精力を傾けてある昆虫を作ったというとき、それ以上の精力で愛そうという人が現れ、心と情を尽くして見つめ、その昆虫を愛してくれるとすれば、**その昆虫を作った存在にとって、それ以上の満足はないというのです。**（文鮮明『天聖経』664）

皆さんは、一株の草を見つめるとしても神様の立場で見つめ、花を見つめるとしても神様の心情をもった立場、**神様の心情に通じる立場で見つめなければなりません。**昆虫や鳥、もしくは何かの動物を見つめるときも、神様の心情と関係が結ばれる内的な感情を体得できなければなりません。そのような人がいれば、その人が何かの公式や定義として、すなわち科学的な論理でそれを解明することはできなくても、あるいは文学的にその情緒を表現できなくても、もしくは芸術的にその美を表現できなくても、情緒的に愛を体恤する力がないとしても、その人は偉大な科学者であり、偉大な文学者であり、偉大な芸術家であり、偉大な哲

学者であり、偉大な宗教家であることは間違いありません。（文鮮明『天聖経』664-5）

⑥ 万物は愛の環境を高める

音楽は会場の雰囲気を高めるために演奏されますが、そのとき楽器が必要です。同様に、愛の環境を高めるために必要な愛の楽器が万物なのです。

・万物は愛の環境を高めるための道具

なぜ神は万物を先に創造されたのでしょうか。それは男性と女性、とりわけ夫婦の間でより良い愛の環境をつくる手助けとして創造されました。**万物は真の愛の環境を高めるためのものです。**……音楽を演奏するには楽器が必要なように、**愛を生じさせるための道具なのです。**（文鮮明「中和新聞」1986.7.1）

・鳥や虫は愛の歌を歌っている

それでは自然はどうなっているでしょうか。**夏になれば虫とか昆虫が集い合い、小鳥たちが鳴く時、すべてが愛を歌っているのだ**ということを知らなければなりません。このような時、「ハハアー、宇宙はこのようになっているのか」と、このような宇宙的神様に人間は歩調を合わせなければなりません。そしたら神様は何と言われるでしょうか。「うるさい！」と言うでしょうか。座っておられた神様も、立って一緒にリズムを合わせるのです。（文鮮明『御旨と世界』993）

鳥たちは退屈しません。一日中そうしているのです。なぜ疲れないでしょうか？　愛の歌を歌うからです。そうして、枝から枝を、行ったり来たりするのです。（文鮮明『ファミリー』1997.8,39）

秋**には、昆虫が集まり、夜通しオーケストラ演奏会を開きます。**夜が明けるまで、休むことなくオーケストラ演奏会をするのです。多彩な音でハーモニーを生み出して、素晴らしいオーケストラ演奏会を催し、その音が四方に響き渡ります。人間は、「彼らは今、何をしているのだろう」といぶかしげに思います。彼らはキスし、愛を交わしているのです。愛の音色です。音楽ではなく、愛の音色です。キスして抱き合い、愛する音だというのです。愛のオーケストラ演奏です。それは低俗なものではなく、神聖なものです。（文鮮明『天聖経』621）

⑦ 万物は愛の架け橋

花は花束になって、愛し合うカップルの愛の架け橋の役割をしてきました。鳥もさえずりながら、愛の架け橋の役割をしてきました。

真の愛をもった人、**真の愛をもった夫婦が愛し合いながら暮らす庭には、美しい花が咲こうとし、美しい鳥と、美しい動物が近くに来て棲みたいと思うのです。**そのような本性の動きがあることを知らなければなりません。そのような人は、自然にすべての万物が慕ってついてくるので、豊かに暮らすなと言っても、豊かになるようになっているのです。（文鮮明『天聖経』661）

「万物は愛の掛け橋、愛を装飾品として表現するためのもの」です。これらが万物の創造目的のすべてです。神が万物をこの目的で創造したのは、人間のためです。……皆さんが真の夫婦となって、どこかに住んだとします。すると、**すべての花は真の夫婦の庭で咲きたいと願い、鳥はそこでさえずろうとするでしょう。**万物、宇宙を歓迎するためには正しい生活を送らなければなりません。夫婦の愛の生活が宇宙と宇宙の原理を支えることになるからです。（文鮮明「中和新聞」1986.7.1）

黄色い丘（産経、2006, 8, 11）

男性が愛する女性に愛のメッセージとして花束を贈ってきましたが、最も多く用いられた花はバラでしょう。

従来のひまわりは大きすぎて、花束にはふさわしくないかもしれませんが、広い所でたくさん咲いて、見事に愛の架け橋になっています。

・黄色い丘に感嘆の声

北海道北竜町の「ひまわりの里」で、約百三十万本のヒマワリが満開となり、連日大勢の観光客が丘の景色を一目見ようと訪れている。高いものだと大人の背丈ほどあるヒマワリがそろって東を向いて咲き、なだらかな丘は一面が黄色に染まっている。観光客は口々に「すごい」「こんなの初めて」などと感嘆の声を上げ、カメラに美しい光景を収めていた。（「産経新聞」2006.8.11）

⑧ 万物は愛の装飾品

多くの惑星に輪がありますが、特に土星には見事な輪があります。土星の輪はガリレオが発見して以来、天文学者や天体愛好家の関心の的でした。近年、アメリカのＮＡＳＡが打ち上げたボイジャーにより、土星の輪の正体や構造が明らかになりました。しかし彼らには、なぜ土星のような惑星に輪があるのか、分かっていません。まだ科学が解けない疑問の一つが、惑星に輪がある理由だと言われています。

土星の輪
『宇宙大紀行』（福音書店より）

これらの説すべてにとっての問題は、たとえそれらが真実であるとしても、実際には輪の理由を説明していないことだ。もし土星が原始の氷からできた輪をもっているとすれば、なぜ天王星はそうでないのか。なぜ天王星の輪はそんなに暗くなければならないのか。なぜ大きなガス性の惑星だけに輪があるのだろうか。なぜ太陽系の内側寄りにある岩石の惑星――水星、金星、火星、またその点に関するかぎりでは地球――のまわりには輪がないのか。地球にもかつては輪があったのか。**答えは――だれにもわからない。**

（ジュリア・ライ、ダヴィッド・ザヴォルド編『まだ科学が解けない疑問』162）

なぜ惑星には輪があるのでしょう。人間を喜ばせようという神の創造の観点から見れば、惑星の輪は一種のアクセサリーなのです。将来、宇宙旅行をする時代が来ます。その時、星を眺めながら我々が喜ぶように、星には様々な装飾品すなわちアクセサリーがついているのです。

神**様は人間のための装飾品として、大宇宙をつくられたのです。**すべての大宇宙は人間が愛の主体的立場において、相対的に刺激を与えて、潜在していた本性を爆発させ、その刺激で幸福を感じられるようにするために、息子や娘を連れて宇宙旅行をするためです。（文鮮明『ファミリー』1990.10,51）

電磁気学の父、マックスウェルも土星の輪を感動的に見つめていました。

天文学には私たちをひきつけてやまない謎がある。……土星の環が現実に何に役立つのか私にはわからないが、純粋に科学的な見地から考えると、全天で最も注目すべき天体といえる。これに勝るのはおそらく渦巻銀河くらいだが、渦巻銀河は土星の環よりもさらに無用といえよう。**惑星の赤道面上にワイヤもなしに浮かぶ巨大な環を目にするとき、私たちは心が躍るのを禁じ得ない。**（『日経サイエンス』2002.5.58）

⑨ 万物は全て例外なく、愛のために創造された

被造物は一つの例外もなく、愛の創造理想の実現に貢献するように創造されています。

創造者はすべての被造物を一つの例外もなく、愛のために創造したのです。愛が創造の動機なのです。さらに愛は神ご自身のためにあるのでなく、他に奉仕するためにあるのです。この二つの原理によって、神は万物を創造されたのです。（文鮮明1991.5.4「ソ連共和国代表への演説」）

海のギャングと呼ばれているサメも、嫌われ者のハエ、ゴキブリ、蚊もすべて、それぞれ本来の位置と状態において、愛の実現のために必要なものとして造られているのです。文師は、人間はサメのようなものも愛することのできる主体であると言います。

シャーク（サメ）のようなものも人間のためにつくられました。そのようなものを愛する

ことのできる主体として人間をつくられたのです。（文鮮明『ファミリー』1998.11,37）

オーストラリアの人々は「海の殺し屋」と言って恐れられているサメを保護しようとしています。

サメは「気立てのいい愉快な生き物」だと、ソーテン（シドニー水族館）は言う。……食われているのは、むしろサメのほうだ。テンジクザメはフライの材料として人気だし、アジアの国々からはフカヒレ目当ての漁船がやって来る。……釣り愛好家も研究に協力している。サメを釣り上げると、標識をつけて海に帰す。「せっかくの大物なのだから、大切にしなきゃ」と、研究者のジュリアン・ペッパーレは言う。「スリルを楽しみ、記念写真を撮ったら、サメは海に帰してやってほしい」（『ニューズウィーク日本語版』1997.2.19）

サメとスキンシップ（産経、1996, 10, 12）

バハマ諸島の近海では、ダイバーがサメに餌付けをしてスキンシップもしています。

フロリダ半島に近い、バハマ諸島のグランドバハマ島沖の海中で行われているシャーク・ダイビングは、野生ザメの餌付けの中でも、ダイバーの接近度が高いことで知られる。……地元のダイビングショップのタラ・ゾンダーランドさんは「サメは決して危険な動物ではありません。むしろ臆病な生き物なのです」と話す。（「産経新聞」1996.10.12）

ハエも嫌われ者ですが、ハエは腐ったものや死んだものを片付ける役割を果たしているのです。

ハエが好きですか？（笑い）けれども、ハエがいなければだめなのです。においが臭いのは腐ったものです。死んで腐り、崩れたものはにおいがするのです。そのにおいは蠅が早く来て、ウジを繁殖させて皆食べさせて、早く自然に返らせるためです。その中間媒介体の役割をするのです。早く除去させるためなのです。ハエがそのようなことをするのです。（文鮮明『ファミリー』1996.7.45）

蚊もうるさい存在です。しかし、水辺にいれば、魚や鳥たちの餌になっているのです。

私が南米に行ってみると、そこには蚊がどれほど多いか分かりません。蚊が多いことを心配していると、稚魚たちがその蚊を食べて生きていたのです。稚魚です。卵から生まれたたくさんの稚魚に、何を食べさせるのですか？　蚊が昼も夜も、無尽蔵にいて、一日中そこにいるので、それを捕まえてたべるのです。「私は蚊を嫌っていたが、稚魚のえさとして与えられたものを嫌っていたのだなあ」と思ったのです。すべてそのようになっています。すべてためにに生きているのです。（文鮮明『祝福』二〇〇一年冬号、36）

ゴキブリも嫌われ者ですが、ゴキブリは本来、森に棲んでいて枯れ木を土に戻す役割をしていたそうです。したがって、ハエも蚊もゴキブリも、本来の位置で、本来の役割を果たしてくれればよいのです。腐ったもの、生ごみ、水たまりなどが、我々の周囲にないように清潔にしておけば、彼らが我々を悩ますようなことはなくなるのです。

⑩ 万物は人間に衣食住を提供してくれる

万物は人間を楽しませてくれるのみならず、愛の結実として、人間に衣食住を提供してくれます。

すべての万物は主人の肉になりたいと思って訪ねてきます。あらゆる鉱物、植物、動物は、「私たちが存在するのは、この宇宙の王になるそのおかたの栄光のためである。彼のあらゆる環境をきれいにし、その体を健康にするために、愛の主人の細胞をつくるために、私たちが愛を受け、喜びながら訪ねていく。アーメン!」と言うというのです。(文鮮明『ファミリー』1997.8,35)

人間は、どれほど素晴らしいでしょうか! **愛のオーケストラを演奏し、愛の脈拍を中心として宇宙を生かしていく動物と植物を食べて暮らします。愛の結実を食べて生きるというのです。**花も結局、愛の結実です。葉も愛の結実です。このような愛の結実を食べて生きるので、どれほど幸福な「私」自身かというのです。愛の結実を食べて暮らす人間は、病気がありません。真の愛の実を食べて生きる人間は病気にならないのです。(文鮮明『天聖経』657)

愛する心をもって食べ物と向き合うとき、その食べられる食べ物は、**「あなたの血と肉になり、力になって神様を愛することのできる元素として私が吸収される、この驚くべき事実に感謝します」**と言いながら、早く口に入っていこうとするのです。牛の肉を食べても、「この牛肉は、子牛のときから母親が愛し、主人が愛で育ててここまで来た愛の結実なのだなあ！」ということが分からなければなりません。（文鮮明『天聖経』657）

このような原則から神様の愛の最も高い対象として造られた人間は、すべての万物をみな食べたり、持ったりすることのできる立場にいるのです。このすべてのものをみな食べて、持ちますが、**これらを造られた神様の真の愛の心をもって食べ、持たなければなりません。……どのレベルにおいてもみな、捕って食べられるようになっています。**（文鮮明『真の神様の祖国光復』308-309）

万物から万病の治療薬がつくられます。

パンタナールに行ったらどれほど動物が多いことか！……博物館をつくって、**昆虫から薬をつくる。万病の治療薬、ないものがない。**（文鮮明 2005.4.16, ニューヨーク）

病気になったときに使う薬材を作れるのが万物です。一つも使えないものはありません。一番ぞんざいに扱われているものが、一番良い薬になるのです。**毒蛇の毒が、薬の中で最も**

良い薬だというのです。（文鮮明『天聖経』645）

今、昆虫から医薬品の開発がすすめられています。たとえば、南米に生息するオオサシガメという吸血昆虫の唾液には、「プロリキシン―S」という物質が含まれていますが、その物質は血液が固まるのを防ぎます。また痛みや炎症を抑えます。カブトムシの幼虫からは細菌を殺す物質「ディフェンシン」が採取されます。モンシロチョウの体液からはがん細胞をアポトーシス（細胞死）させる物質が見つかっています。人類が虫の知恵を利用する時期が来たのです。（「昆虫たちは人類を救うか――がん、心筋梗塞、感染症……急展開する虫の医薬応用研究」、「読売新聞」2004.12.24）

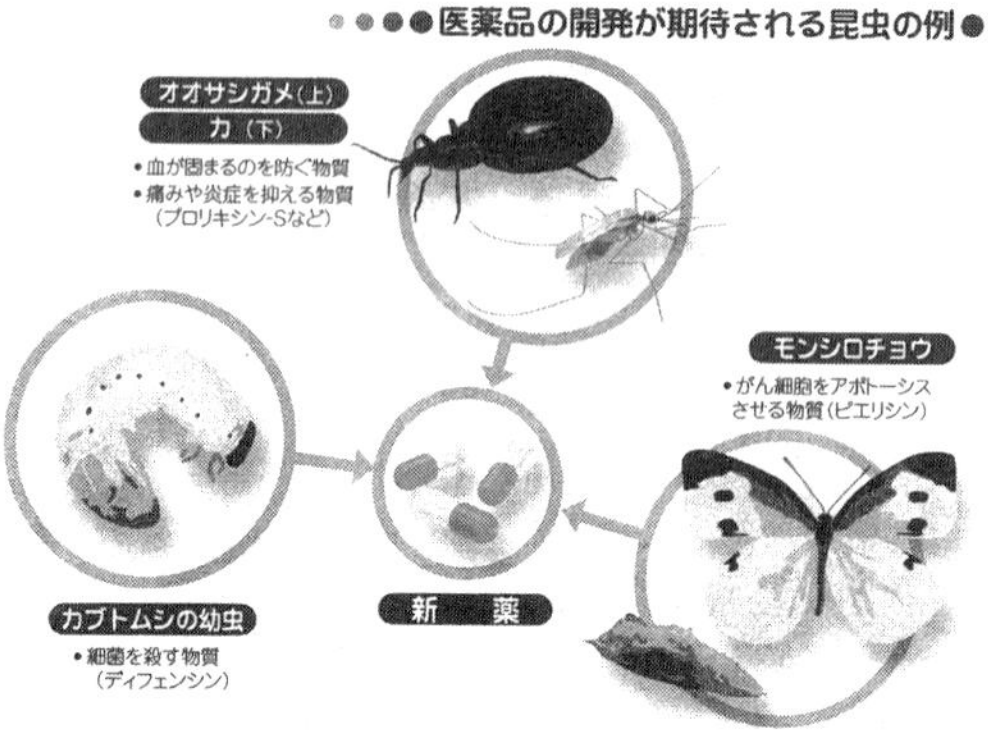

昆虫から医薬品（読売、2004 12, 24）

医薬品のみならず、昆虫から新素材の開発や昆虫をモデルにした知能ロボットの開発も試みられています。神は、人間が昆虫を通じて学ぶようにと、昆虫の中に様々な能力を与えておられるのです。昆虫パワーが人類の未来を変えるとも言われています。

昆虫の優れた能力を生かした新素材や薬などの開発が進んでいる。大量のたんぱく質を体内にため込むカイコを活用して、人工血管や美しい絹糸を作ったり、わずかな匂いをかぎ分けるハエやガの習性を生かした知能ロボットが登場したりしている。昆虫は人間などに比べて体や脳の構造は単純だが、それぞれの得意分野でずばぬけた能力を持つ。秘められた昆虫パワーが社会に生かされようとしている。

（「日本経済新聞」2010.12.5）

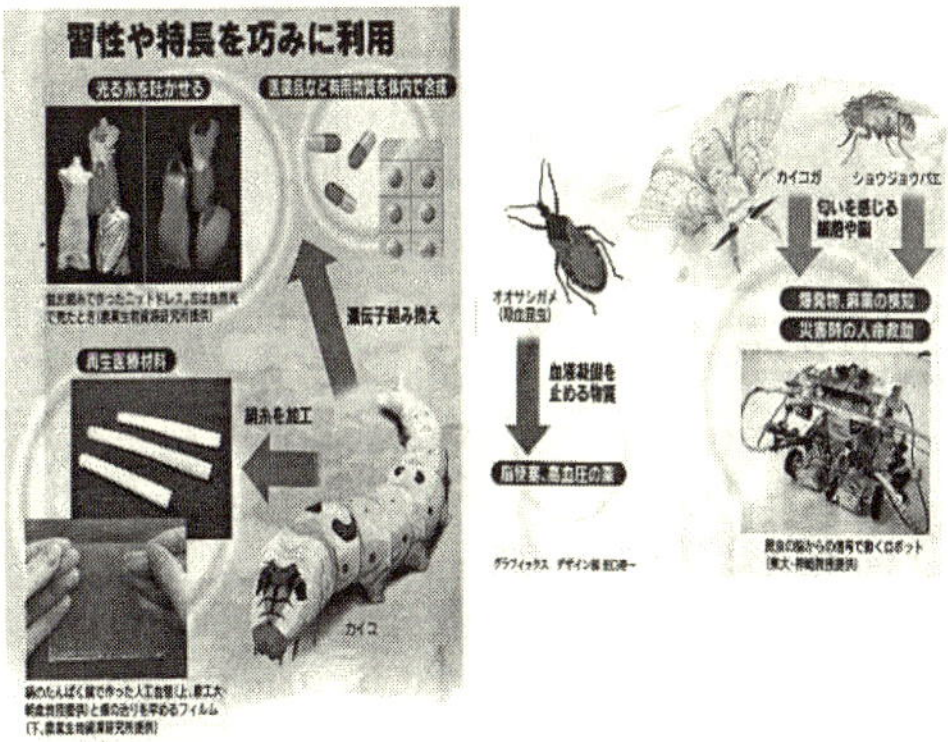

昆虫パワー（日経、2010 12, 5）

⑪　万物を愛しなさい

人間は今日まで、万物を虐げてきました。パウロが「被造物全体が、今に至るまで、共にうめき共に産みの苦しみを続けている」（ロマ8:22）と語っているように、今日まで、万物はうめき苦しんできたのです。

神様が心情によって造られた天地万物を愛し、誇らなければなりません。それは、神様が愛する息子、娘が豊かに暮らせるようにするために造ってくださったものです。金銀財宝を払っても買うことのできない貴い創造物です。ところが、**それがぞんざいに扱われ、無視されてきました。それで今、天地万物が嘆息しているのです。**山を見れば山が嘆息し、野原を見れば野原が嘆息しています。吹きつける風さえも嘆息しているのです。（文鮮明『天聖経』650）

嘆息する万物の恨を解怨して、人間のために生きている万物を愛し、感謝しなければなりません。

この万物は、人間一人を完成させるために、自分の生命とあらゆるものを犠牲にして、人間を保護し育ててくれたのです。これをどのように返すかが問題です。歴史上、魚を殺した最高の王が人間であり、牛を一番殺した王が人間なので、どれほど罪をたくさん犯したか、考えてみてください。善い人間ですか、悪い人間ですか？（「悪い人間です」）。皆さんのすべての細胞が、「そうだ、そうだ」と言わなければなりません。では、**どのようにして万物から許しを受けますか？　万物を愛することによって可能なのです。**万物は、自分の子女を育ててくれる原材料です。（文鮮明『ファミリー』1997.8.35）

嘆息する万物の恨を解怨してあげなければならない責任を負った皆さんは、一本の木や一株の草からも、六千年前にそれらを造る時の、神様の心情と創造のみ手を体恤しなければなりません。ですから、「主人を失ってしまい、どれほど寂しかっただろうか」と言いながら、道を歩いていて一株の草を見ても、涙を流すことができなければならず、一本の木をつかんでも泣くことができなければなりません。ここで話をする先生は、それらをつかみながらたくさん泣きました。岩をつかんでも泣き、風が吹くのを見ても泣いてみたのです。（文鮮明『天聖経』650）

・人間を育てる万物に感謝しなければならない

神様が万物をつくられる時、神様が万物を愛したように人間が万物を愛してくれることを願われたにもかかわらず、そのように愛する神様の息子・娘、理想的夫婦になることができませんでした。冷遇してはいけません。冷遇され、嘆息してきたすべての万物を、自分の息子・娘のように愛してあげなければならないのです。……**人類のすべての息子・娘が育つことのできる栄養素をつくってくれる万物であり、息子・娘を育てるために愛の材料をつくってくれる万物であるので、その材料をもらったことをありがたく感謝し、愛し、食べ、そし**

て使わなければならないのです。ところが、冷遇し、自分勝手に殺しながら生きてきたのです。（文鮮明『祝福家庭』二〇〇〇年冬季号、48）

・子供を愛するように万物を愛しなさい

万物を愛さなければなりません。自分の子供が死んだように考え、**万物を、子供を愛する代わりに愛さなければならないのです。**私たちの愛する子供や夫を養い、育ててくれる万物であるということを考えなければならないのです。そのように愛されることを願うのが、万物なのです。（文鮮明『ファミリー』1997.8,36）

文師は、動物に関心を持ち、動物を飼うことをすすめています。

男性と女性も動物を家で飼うべきです。「私は南米のブラジル、アルゼンチンで何万ヘクタールの牧場の主人として牛を飼うのがいい。羊を飼うのがいい」ということとは違います。家で飼うように、というのです。

どの動物でも構わないので、それらを育てながら、「世界のあらゆる動物の中で、この動物一つは、いくつかの動物の代表である」と選んでおくのです。できなくても、三、四種類の動物を育ててみなさい。**動物を三匹ずつ飼うのです。蘇生、長成、完成です。**猫でも、犬でも、羊でも何でもいいのです。鳥も昆虫も飼うのです。えさを準備するのも、「これは牛に与えるえさであり、これは羊に与えるものだ」といって、子供に食物を与えるときごとに、十分の一でも動物たちのえさとして残しておくのです。「おまえ、よく食べ、よく育て。私の子女と友達のようによく遊べ」といえば、よく遊ぶのです。

そのためには、「すべての動物を愛したい。私の子女のようにして一緒に暮らす」という観念が、絶対に必要です。ですから、**動物に対して関心を持ってください。**何匹かの昆虫を飼えば、昆虫世界の全部に関心を持つようになるのです。「月影さやかな秋の日、昆虫のオーケストラ」、どれほどすてきでしょうか。（文鮮明『ファミリー』1997.8,37-38）

堕落した人間の主管によって、万物は苦しんでいます。そして万物を苦しめると、その結果、人間に大きな被害が及ぶことがあります。その最たるものが、感染者六億人、死者四千～五千万人と言われる、一九一八年に世界的に流行した「スペイン風邪」です。

スペイン風邪は、アメリカの養豚から始まった。アメリカで大規模養豚、すなわち工場生産型の養豚が始まった際、豚の糞尿に対する衛生対策を怠ったことにより、豚の免疫力が低下し、豚の間でウイルスが蔓延するようになったのだ。養豚業では一般に、生まれた豚が成育し処理されるまでの約百八十日間に、四十八種類の病気に罹患することが知られている。（松井三郎・京都大学名誉教授、「読売新聞」2009.10.9）

⑫弱肉強食による適者生存の理論は間違い

弱肉強食の進化論によれば、力で弱者を虐げることが正当化されます。その結果、人間は最も悪いものになり、神は最も残虐な神になります。

チャールズ・ダーウィンという人が書いた『種の起源』を見れば、彼は進化論を起源に弱肉強食という論理を提唱して、**力をもって世界を支配して新しい文化圏を形成することを正当化させました。**（文鮮明『神様の摂理から見た南北統一』580）

進化論では何と言っていますか？　ダーウィンは、弱肉強食で進化したといいます。それならば、**人間が一番悪い者になるのです。**神様がそのようにつくられたのであれば、**神様は一番残虐な神様になるのです。**（文鮮明『ファミリー』1997.8,36）

弱肉強食では強者が弱者を滅ぼしてしまうことになります。しかし実際は、弱者である小さなものは滅びないで、強者である大きいものを支えているのです。強者が弱者を滅ぼしてしまったら、強者も滅びてしまいます。弱肉強食ではなく、愛のために、小さいものは大きいものの犠牲になりながら、大きいものを支えているのです。それを闘争と見てはいけないのです。

・弱肉強食でなく愛が中心

このように見るとき、理想世界と関係のない全くでたらめな理論が世界を支配しています。今日の科学者たち、知性人たちが受け入れている哲学（進化論）をなくさなければなりません。**弱肉強食というのは話になりません。愛が中心なのです。**（文鮮明『ファミリー』1984.9.20）

・小が大のために犠牲になっても、闘争と見てはいけない

宇宙の秩序を見れば、大きいからといって無条件に小さいものを犠牲にして取り込むようにはなっていません。**ヘレニズムに基礎をおく弱肉強食を通じた適者生存の理論は、根本的に間違っています。**「ため」に存在し、真の愛で投入して忘れてしまう絶対服従の対象として、主体的愛の主人を完成させようという絶対価値観を、彼らは見過ごしているというのです。真の愛を排除すれば、闘争概念だけが残るようになります。しかし、神様の創造原理は、闘

争を通じて生存し、発展するのではありません。主体と対象の関係の中で、相互に授受作用をしながら、絶対価値観に向かって調和統一を追求するのです。**小が大のために犠牲になったとしても、それを闘争と見てはいけないということです。**相互発展のための投入と見なければなりません。（文鮮明『後天時代と真の愛の絶対価値』71-72）

・弱肉強食は、真の愛の論理によって再び解釈されなければならない

宇宙いっぱいに満ちているすべての存在は、自らの水準において相対と共に存在していますが、結局、より高い愛の次元に吸収され、上昇していく原則に従います。すなわち鉱物は植物に、植物は動物に、そして結局は、人間にすべて吸収されることを願うのです。ですから、すべての存在は食べられたり吸収されたりして、より高い愛の次元に上がり、ついには愛の根源である神様の最も近い愛を受ける位置まで進むのです。このように、すべての存在が究極の目的地とするのは、正に真の愛の本質です。**ダーウィンの弱肉強食という言葉は、このような真の愛の論理によって再び解釈されなければなりません。**ですから、ありや微生物さえも愛を願うだけでなく、自分を愛する主人のところに行って死のうとするのです。このような原則において、神様の愛の最も高い対象として造られた人間は、すべての万物を食べ、吸収できる立場にいます。このすべてのものを食べて吸収するのですが、これらを造ら

れた神様の真の愛を身代わりする気持ちで、食べて吸収しなければなりません。もしそのようにできなければ、宇宙は存立できないのです。（文鮮明『天聖経』617）

・力によって死ぬのではなく、愛のために犠牲になる

「弱肉強食」という、このような論理は矛盾しているというのです。**強者のえさは弱者だという哲学はキック！**　力によって死ぬのではありません。愛のために死ぬのです。その論理が立たなければなりません。進化論はキック！　見てください。海には魚たちがたくさんいます。魚たちは、小さな魚は大きな魚に、大きな魚はもっと大きな魚に、もっと大きな魚は、いちばん大きな魚に捕まって食べられるようになっています。このすべての万物の目標はどこにありますか。人です。男性と女性です。（文鮮明『祝福家庭』二〇〇九秋季号、18-19）

まとめ

進化論によれば、生物界は弱肉強食の世界であり、無慈悲な生存競争が行われており、競争に打ち勝ったものが生き残るというようにして、生物は進化したとみています。しかし、そうではありません。小さなものは大きいものに吸収されながら、次第に愛が高まっていくようにして愛が前進してきたのです。小さいものは多く繁殖し、大きいものは少な

く繁殖するようになっていて、小さいものが大きいものによって滅ぼされるのではありません。全体として自然界は調和しているのです。そして万物は人間の愛のパートナーになるのみならず、人間に衣食住を提供しています。人間は万物を愛して、感謝しながら万物に接すれば、万物は喜んで人間のために生きようとするのです。したがって、弱肉強食の論理は、真の愛の論理によって解釈し直さなくてはならないのです。

(4) 生物はデザイン（設計）されたものか？

生物にデザインはあるのでしょうか？　デザインがあるとすれば、デザイナーは誰かということで、創造主である神様に通じます。したがって、進化論者は絶対にデザインを認めようとしません。それゆえデザインを認めるか、否かということは大きな問題です。そこでこの問題について、検討してみます。

①目はデザイン（設計）されたもの

ダーウィンは初めに、「眼が自然選択で作られたと考えることは、正直いって不合理であると思われる」と告白しています。しかしそのあとで、彼は下等な動物から高等な動物までの眼を比べることで、眼が自然選択で徐々に進化したと強弁しています。しかし目は自動的に働くコンピューターを備えた超精密器官です。そのような目が偶然の突然変異と自然選択で進化するなど、あり得ないことです。目は「見る」という目的のもとで、デザイン（設計）されたものです。

• 目は天文学的、博物学的な知識基盤の上に成立している

鼻はじっとしているのに、目はなぜ動きますか。……**目の目的は見ることです。見るところに目的があるために動くのです。**目的を達成するために動くのです。鼻は、ちりが付いてもじっとしているのに、**目はなぜこのように絶えずパチパチするのかというのです。**なぜそうなのですか。なぜそうかと言えば、**水分が蒸発して乾くので、水を撒いてやるためにそうするのです。まゆ毛はなぜ生じましたか。ちりを防ぐために生じました。**……このように考える時、目というものが本来生じる時から、この世界があることを知っていたのかというのです。ここには太陽があり、ここには空気があり、ほこりが生じ、水蒸気になって蒸発するという事実、このような世界があるということを始めから目というものが知っていたのだろうかというのです。それを知っていたでしょうか。（知りませんでした）。……ですから既に、**この目が生じる時には太陽があり、空気があり、ちりがあり、水蒸気が蒸発するという、天文学的、博物学的知識基盤の上に存在し始めたという事実を我々は否定できません。**（文鮮明『神様の摂理から見た南北統一』588-590）

• 宇宙的な知識背景をもった観念によって目は造られている

目ができあがるとき、目自体に今日の目のようになることを考えることができたでしょう

か。（できません）。目自体が「私はいろいろの所を見なければならないので、くるくる回転できるようにならなければいけない」と言い、また「パチパチ瞬きする必要があるので内側に引っ込んでいなければいけない。全体を水で湿らして滑らかにしておかなければいけない。空気中にはたくさんのほこりがあるので、まつ毛でスクリーンを作らなくてはいけない」と考えて、今日の目のようになったのでしょうか。

まつ毛を考えてみると、目が、この世界に空気があることや、その中にほこりがあることを知っていてまつ毛をつけたのでしょうか。それとも、何も知らずにつけたのでしょうか。……**それは、目自体よりも、もっとよくすべてのことを知っている意志を持った存在があるということです。**地球上に発生する輻射熱によって水分が蒸発するのを防御するための装置を目が備えているということは、既にこのようなことを知っている存在があったということです。目自体が知っていたというよりも、目ができる前から、このような宇宙的な知識的な背景を持った観念があったということです。博物学的知識によってつくり出された理想（観念）があったということです。

眉毛をみてください。額の汗が目の中に流れ込まないように、また、目が美しくなるように、といったことを目が自分で知っていて眉毛を持っていって付けたのでしょうか。……誰かが考え尽くしていのです。**博物学的知識背景を持った宇宙的な心（意識）があって、あら**

かじめすべてのことを計画していたのです。進化論者の「人間は偶然に起こった副産物である」という言葉を受け入れますか。(いいえ)。そのように意識、思想が先にあったのです。真の愛を動機として、愛するために理想的思想が生じたのです。(文鮮明『ファミリー』1982.6.16-17)

・「理論的百科事典」を背景にして、実存圏が形成された

目が生まれた時、この宇宙に太陽「光」があることを知っていたでしょうか、目は明らかに太陽「光」を見ることができるようにできています。目自体があらかじめ太陽「光」のあることを知っていて、そのように生じたのでしょうか。あるいは偶然に生じたのでしょうか。明らかなことは、**すべての秘密をみな知っておられる方が背後にいて、そのように生じさせたということです。**

また、目には、この空間世界で生きるのに、ほこりが入ってきてはいけないので、窓格子のようにまつげがついています。さらに涙の出てくる涙腺もあります。この涙腺がどうして必要かというと、空間世界では熱によって水分が蒸発するようにできているため、水を補充してあげなければならないからです。このようなことをみな知って、すべての装置を取りそろえて生じてきている事実を見るとき、すべて**「理論的百科事典」を背景にして、意識的に、**

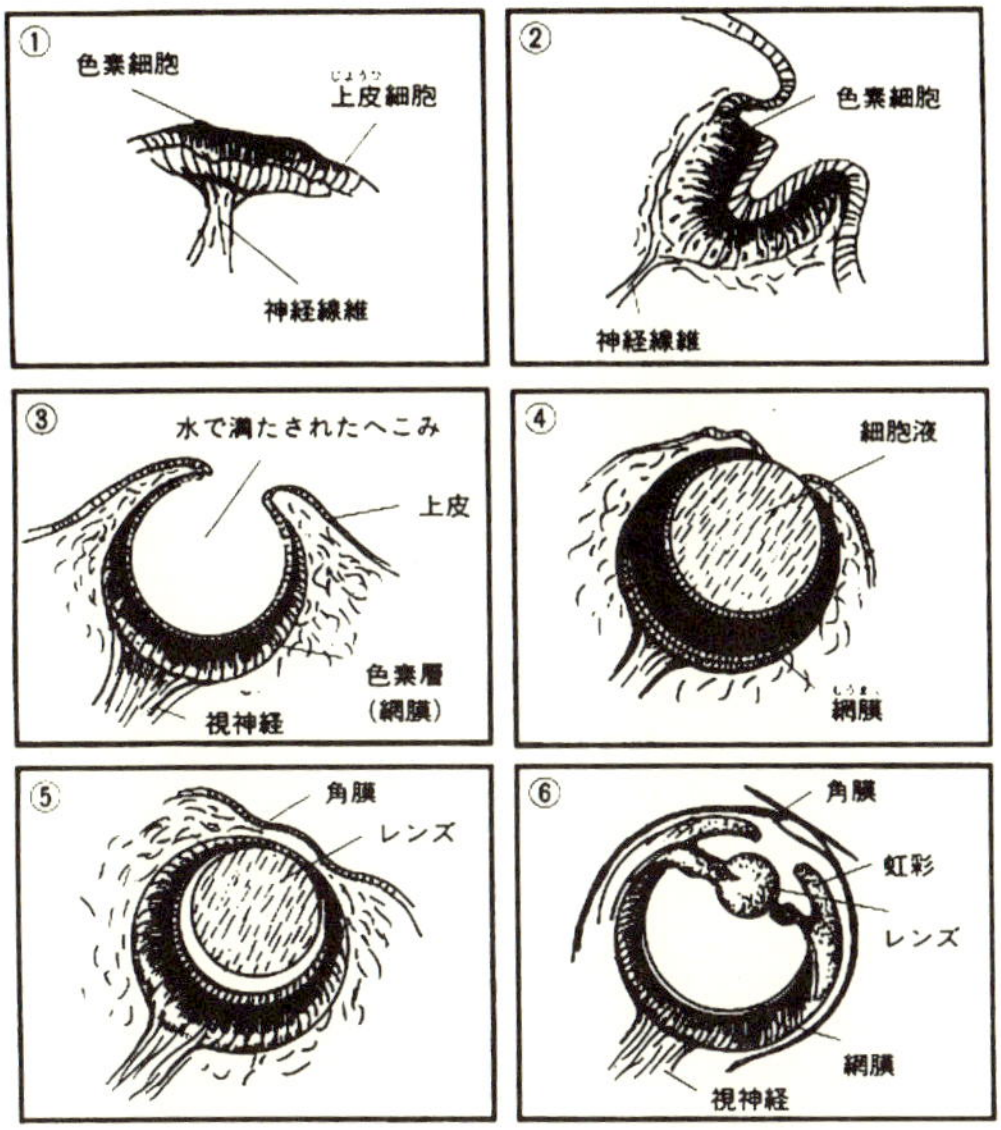

D・エバンス、O・サラーティ『進化心理学入門』p37

それに従って存在する実存圏が形成されたという理論は否定できない事実です。（文鮮明『文鮮明師と新ソ連革命』50-51）

進化論者による眼の進化に対する説明は、例えば次のようです。

最初の小さな変化は、たぶん皮膚の一部で、光に対する反応がちょっと増加したというようなことだったのだろう。……光に反応する皮膚の部分は、光に反応する凹面のくぼみになり、それが透明な液体で満たされ、最後はレンズでおおわれていった。目はこのようにして、自然淘汰によって進化してきたものである。（D・エバンス、O・サラーティ『進化心理学入門』35-37）

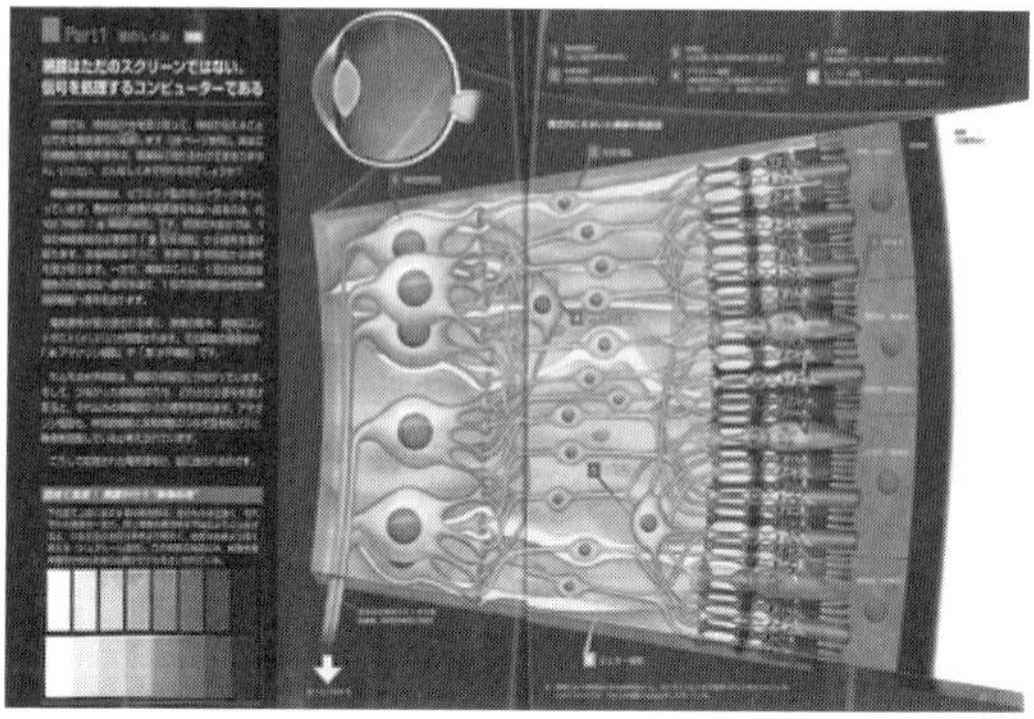

網膜はコンピューター（『ニュートン』2012. 2）

ここで①から⑥の順序で目は進化したと説明しています。しかし、次から次へと、偶然の突然変異によって、新しい要素や仕組みが、積み重なっていくのでしょうか？　それはあり得ないことです。次から次へと、新しいデザインが注入されたと見るべきでしょう。眼は驚くべき超精密装置であると、科学雑誌『ニュートン』（2012.2）は次のように説明しています。

- 眼のしくみは、デジタルカメラと似ています。
- 遠くにも近くにも、自動でピントが合います。
- 光が電気に変わるしくみがあります。
- 網膜はただのスクリーンではなく、信号を処理するコンピューターです。

目は正にコンピューターを内在した最高級の自動的なデジタルカメラであって、最高の科学者によって設計されたものです。偶然の突然変異の積み重ねによってできるようなものではありません。

目のみならず、耳も、舌も、唇も、鼻も、偶然にできるようなものではありません。それらはみな、それぞれの機能を遂行するように見事に設計されているのです。

私たちの耳も同じです。耳も生じるとき、空気があることを知りませんでした。空気がなければ耳も必要ありません。空気があってこそ、音を聞くことができるからです。そして、音が突然耳に飛び込んでくれば大変なので、耳に山脈のようなものが大小につくられています。**大きな山脈、小さな山脈のようなものがあって、和音になって入っていくようになっています。**その耳自体には分かりませんでしたが、その背後には、このようにできるようにした、何らかの動機のようなものがあって、そのように生じるようになったのです。（文鮮明『ポケットに神様』32）

また**舌もとても不思議です。**口の中で押したり引いたりしながら、刃のような上下の歯の間を出たり入ったりしながら、ぶつかりもせずにテンポをうまく合わせています。（文鮮明『ポケットに神様』32-33）

唇も見てみれば、ゴムの中でも最高のゴムです。広げるときは、一杯に広げることができて、つぼめるときには、とても小さくつぼめることができます。自由自在です。革よりもすぐれていて、生ゴムよりもすぐれています。話すときや食べるときに、同じ口の中で唇と歯と舌のテンポが、どうしてあんなにうまく合うのか、本当に神秘的です。（文鮮明『ポケットに神様』33）

また、**鼻を見れば鼻の中に毛があります。その毛は空気中のほこりが入るのを防ぐためにあります。**……また、もしも鼻がひっくりかえっていたらどうなるでしょうか？　夕立ちでも降れば、大変なことになります。鼻が船長のパイプのようについていたらどうなりますか？　雨や雪が降ればそのまま鼻の中に入ってしまうので大変です。（文鮮明『ポケットに神様』33-34）

②キリンの長い首は、進化したものか、創造されたものか

進化か、創造かという議論においてキリンがしばしば取り上げられています。そこでキリンにデザインがあるかないか、検討してみます。

ダーウィンの進化論によれば、キリンの先祖は首は長くなかったが、突然変異により、首の長さにばらつきがあった。その結果、首の長いものは木の葉を上から下まで食べることができたが、首の短いものは下のほうしか届かなかった。したがって、生存競争によって、首の長い

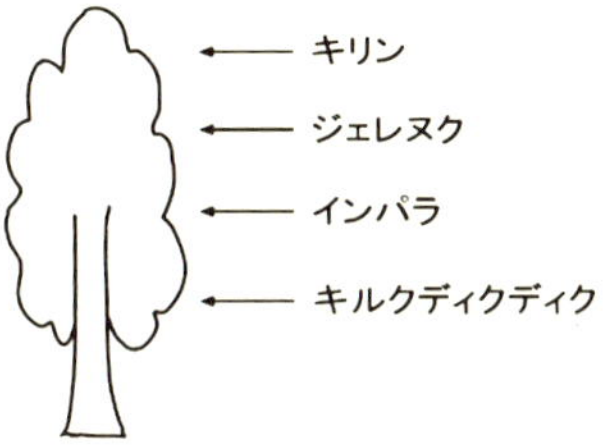

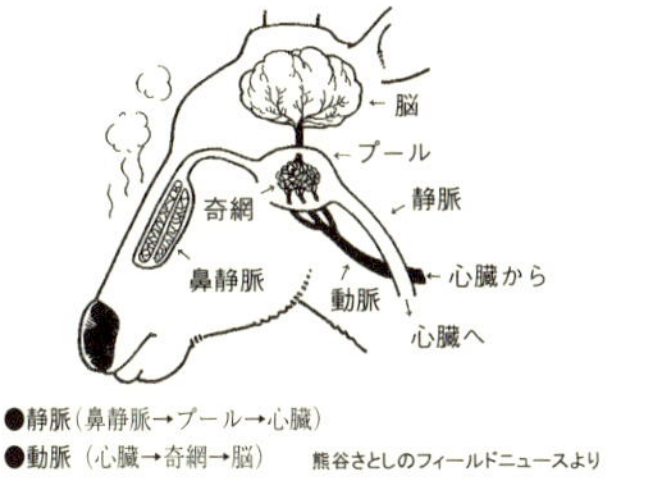

脳溢血を防ぐためのワンダーネット（奇網）

ものは生き延び、首の短いものは滅びていった。そのような生存競争を代々続けているうちに首の短かったキリンの先祖は今のように首の長いキリンに進化したのだというのです。

アフリカのサバンナの草原には、アカシアの木の葉を食べている動物たちがいます。ダーウィンによれば、首の長いものが生存競争に打ち勝って生き残り、首の短いものは滅びたはずです。ところがキリン、ジェレヌク、インパラ、キルクディクディクというように、首の長いものから短いものまで、仲良く共存しています。これはダーウィン説では理解できません。キリンは生存競争で首が長くなったのではなく、初めから首の長い動物として造られたのです。

キリンの首は長いため、血圧は高く、水を飲むために急に頭を下げると、重力も加わって脳溢血になる危険性があります。これを防ぐために、血が脳に達する部分にワンダーネットという網状の血管が広がっていて、血圧を分散する仕組みになっています。しかし、進化論者の金子隆一が指摘しているように、自然選択が、長い首とワンダーネットを同時に選び出すというのは、どう考えても無理があります。（金子隆一『もっとわかる進化論』202）

実際、ワンダーネットのようなものが、突然変異と自然選択でできるはずはありません。これは見事な設計であり、デザインです。

③類人猿から人間へ

進化論では、類人猿から人間へと進化したと言います。しかし、何のために類人猿が直立歩行をしたのか、非常に大きな謎となっています。さらに人の骨格には、類人猿にはない、直立二足歩行に適合した合理的な構造があちこちに見られるのです（『ニュートン』2005.11,46）。そのような人間の骨格は類人猿には見られない設計図（デザイン）によって造られていると見るほうが、偶然の突然変異で進化したというよりは合理的です。

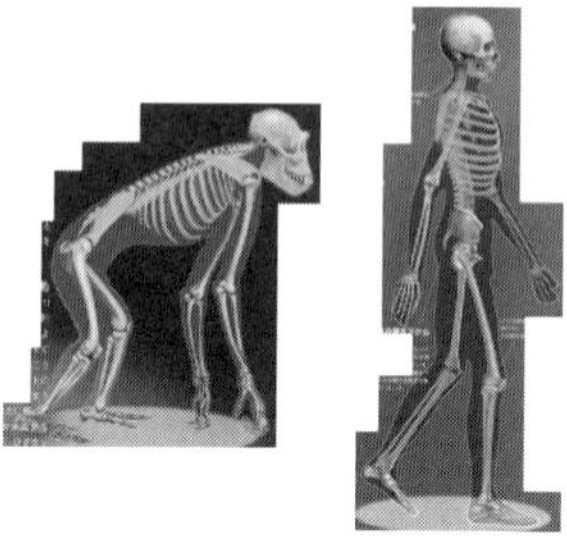

『ニュートン』 2005.11

脳の発達について言えば、進化論では、類人猿、原人の脳から人間の脳に進化したと主張していますが、何がヒトの脳を大きくしたのか、その原因は分かっていません。（『ニュートン』2005.

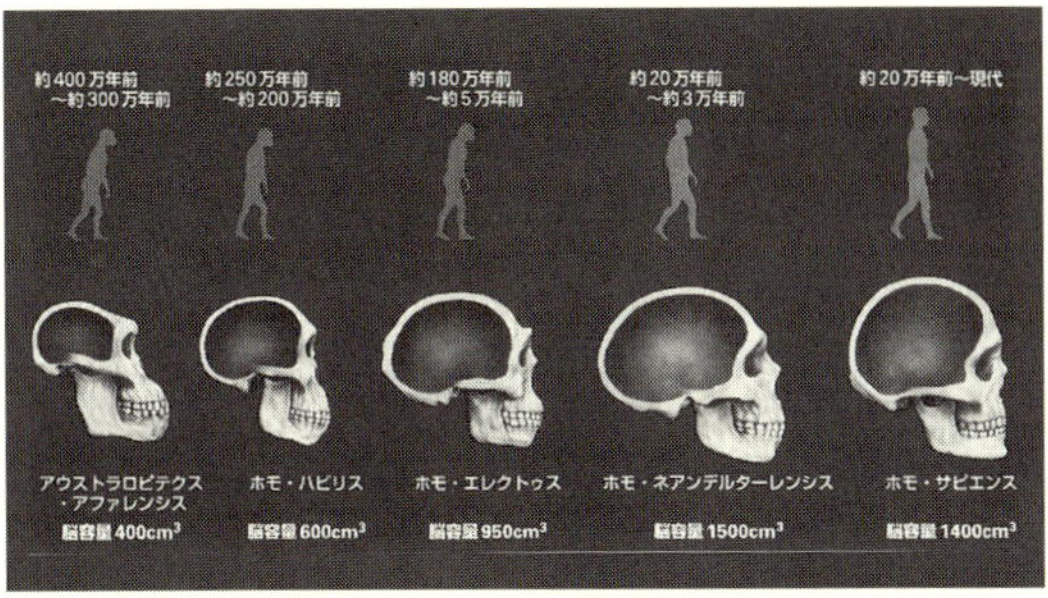

脳の増大（『ニュートン』2010. 12）

11,48, 2010.12,28）

さらに脳のサイズが増大しただけではありません。脳神経ネットワークも、人間の脳では爆発的に複雑化しています（次頁の図）。脳をコンピューターに例えれば、人間の脳には高級なハードとソフトが組み込まれているのです。すなわち、人間の脳は設計（デザイン）されたものです。偶然の突然変異で進化したものではありません。

④神は最高の芸術家であり、デザイナー

画家の描いた最高の花の絵に比べて、神の作品である自然の花は、みずみずしく、情感を持っています。画家の描いた花とは比較になりません。画家は神の造られた花を描写しているだけです。

神様の創造の神秘性は、私たちが言葉ですべてを描写することはできない、実に無限の境地です。したがって、人類最高の画家が描いた絵だとしても、生きた一輪の野生の花とも比較することができません。（文鮮明『天聖教』1403）

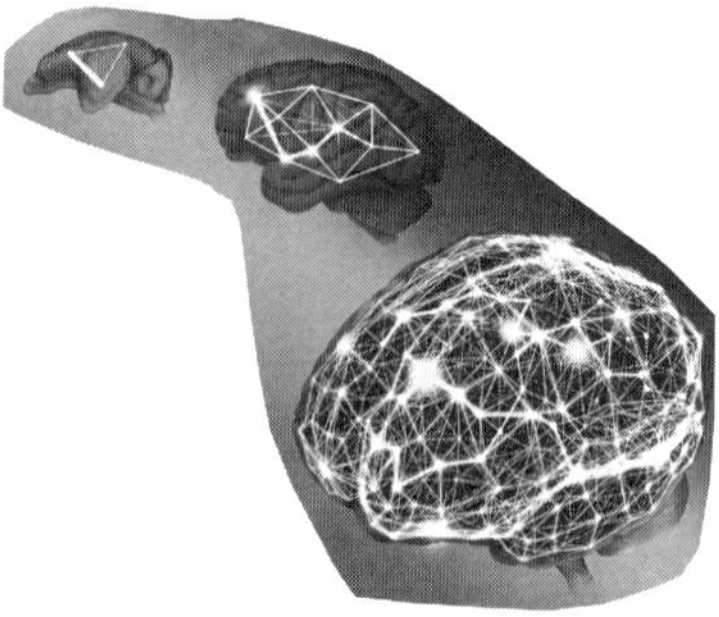

脳神経ネットワークの増大
（『ニュートン』2010. 12）

⑤神の設計図

現代の生物学によれば、生物の形質は細胞の核の中にあるＤＮＡの持つ遺伝暗号によって決定されることが明らかにされています。つまり、キリンの長い首も、我々の複雑な目も、クジャクの美しい羽も、遺伝暗号として、設計図が与えられているから、そうなったのです。

科学者は遺伝暗号の存在を明らかにしましたが、遺伝暗号は、人間の医学者、化学者、物理学者、生物学者、そして芸術家などが、はるかに及ばない内容を備えています。これを偶然に生じたと考えるのは非科学的で非合理的です。人間の知性をはるかに超えた存在、すなわち創造主の言（ロゴス）である設計図またはデザインが、ＤＮＡの暗号として、細胞の中に宿っていると見るほうが科学的で合理的です。

科学者も、暗々裏に、ＤＮＡの遺伝暗号は神の設計図ではないかと見ています。『ニュートン』（二〇〇〇年七月号）のＤＮＡに関する特集号も「神の設計図」という表紙を掲げました。

遺伝子の研究において著名な分子生物学者、筑波大学名誉教授の村上和雄も、DNAの暗号について次のように述べています。村上のいう「サムシング・グレート」とは、もちろん神にほかなりません。

> これだけ精巧な生命の設計図を、いったい誰が、どのようにして書いたのか。……まさに奇跡というしかなく、人間業をはるかに超えている。そうなると、どうしても人間を超えた存在を想定しないわけにいかない。そういう存在を私は「偉大なる何者か」という意味で十年くらい前からサムシング・グレートと呼んできました。（『生命の暗号』198）

iPS細胞の発見により、二〇一二年のノーベル生理学・医学賞を受賞した山中伸弥教授は、「細胞は、意志と戦略をもっている。細胞同士が緊密に情報交換をしている。したがって細胞やDNAは神様にしか造れない」と語っています。（NHKスペシャル「人体ミクロの大冒険」2014.3.29放映）

さらに近年、アメリカではインテリジェント・デザイン理論（Intelligent Design Theory）が脚光を浴びています。これは「生物の進化は突然変異と自然選択では説明できない」とダーウィニズムに異議を唱えるものであって、「自然界の中に知性あるもののデザインが働いていることを科学的事実として認めるべきだ」という見解です。デザインを認めれば、デザイナーは誰かということになります。したがってこの理論は、進化論を克服し、神による創造に道を開くものです。

まとめ

生物にデザインがあるかないかということは大きな問題です。進化論では絶対にデザインを認めません。デザインを認めれば、デザイナーは誰かということになり神を認めざるを得なくなるからです。しかし現代の科学は、生物の中にデザインまたは設計図を認めざるを得なくなってきています。コンピュータを内在した最高級の自動的なデジタルカメラのような目、複雑な神経ネットワークを持つ人間の脳、ＤＮＡの中に組み込まれた遺伝情報などは、偶然の突然変異の積み重ねでできるようなものではありません。正に神のデザインまたは設計図によるものです。

(5) 生物を発展させた力とは何か

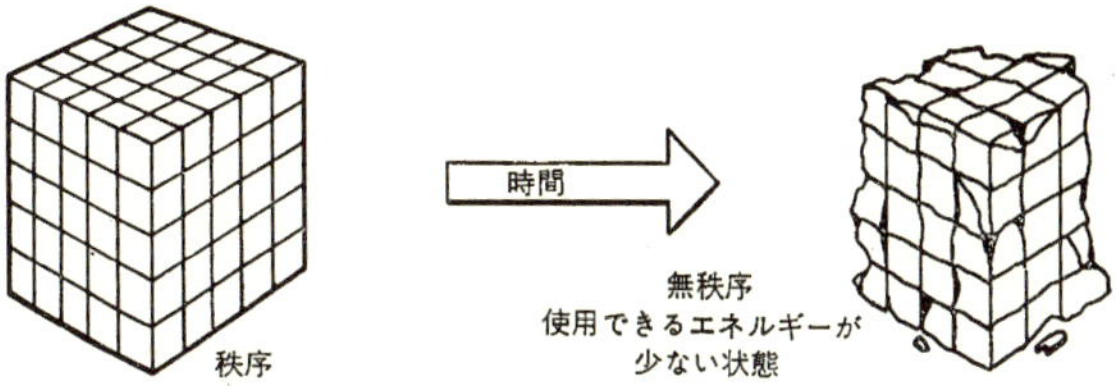

熱力学の第二法則によれば，物質は無秩序を高める方向へと状態を移す。
では生物はこの法則に反する存在なのか。

出典；F.ヒッチング『キリンの首』p.229

自然界は、そのまま放置しておけば、建物が次第に崩れていくように、秩序ある状態はより無秩序な状態に移行します。これをエントロピーが増大すると言います（熱力学の第二法則）。発展するためには、無秩序な力でなくて創造的な力が加わらなくてはなりません。

① 出力は入力より小さい

力学には効率というものがあります。エネルギーを一〇〇パーセント投入しても、それが効果を現すのは必ず一〇〇パーセント以下になります。したがって出力は入力より小さいのです。ところが進化論は、出力は入力より小さいという法則に違反したことを主張しています。

進化論では、どのように発展するというのですか。**進化論は、**

入力と出力の法則と反対です。世の中にこのような原則がどこにありますか。……進化論では、アメーバが自然発生してどんどん大きくなって上がっていき、猿に進化発展して人に進化発展したといいます。……しかし、力の原則においては、出力が絶対に大きくなることはできません。小さくなるのです。力の消耗が起きるというのです。（文鮮明『宇宙の根本』140-41）

作用しようと入ってくる力と、作用した後の力、出ていく力は同じであり得るでしょうか。ここには消耗が起こるでしょう？　そうではないですか。運動をすれば、消耗が起きるでしょう。ですから、入ってくる力と同じにはなり得ません。作用した後の力はいつでも小さいのです。**進化論者たちは、作用をすれば力がもっと大きくなると言うのです。そのような公式はありません。**（文鮮明『神様の摂理から見た南北統一』583）

すべてのものは運動をするようになれば消耗するのです。運動して大きくなる方法はありません。運動していけば必ず小さくなります。電気をみても、入ってくる力と出て行く力がありますが、運動するため、入ってくる力よりも出て行く力が小さくなるのです。入力は出力よりも大きい、このように見ます。

この観点で見る時、**アメーバが運動するようになれば、それは小さくなるのであって大き**

くなれません。発展という言葉は、運動する前のアメーバよりもっと大きくなって出てくるときに使うものです。……この食い違いにどのように答えられるのですか。これが問題になります。（文鮮明『祝福』一九九四夏季号、18）

入力より出力が大きいのであれば、その原因は何でしょうか。どこからか力が補充されなければなりません。

進化論者たちは、アメーバが順次進化して高等動物である猿になり、その猿が進化して人になったといいます。ところが、皆さん考えてみてください。**その進化する力をどこからか補充されなければなりません。**力の原則がそうです。力が作用するようになれば必ず消耗します。ここに力を補充してあげてこそ、再び作用するようになるのです。（文鮮明『宇宙の根本』139）

力学の世界では、入力・出力圏を中心として作動すれば、必ずロス（損失）が生じることになっています。落ちていくようになっています。ところが、進んでいくことができるという論理がどこから出てくるのかというのです。**「進化」ということ自体が、進んでいきながら変わるということ自体がプラスするという言葉ですが、それがどこでプラスされたのかと**

いうのです。投入した入力よりも出力が大きくならなければならないという論理をどこから探し出すのですか。作用すればロスが生じるので、入力は出力より大きいのです。このような立場では、進化という論理は形成されないのです。（文鮮明『宇宙の根本』141）

② 第三の力が加えられなくてはならない

文師は「進化」に対する用語として「造化」という用語を使用しています。生物が造化、すなわち発展するためには、生物の外からより強い力が作用しなくてはなりません。

今日、**進化論が事実か、造化の創造が事実か**ということが大きな問題になっています。進化論の方向性は、誰が決定するのですか。自分が決定しますか。発展するその物質が決定できますか。また問題は、それ自体が理想圏と関係を結べる**力をどのように育てることができるか、さらに、生み出せるか、プラスさせられるか**ということです。それは、神様によってのみ可能なのです。（文鮮明『天聖経』636）

主体と対象が作用して現在よりも劣るようになれば作用しないのであり、より良くなり得るお互いの目的を発見すれば作用するのが原則になっているというのです。この問題を中心として進化論を見れば、進化するところにおいても、より良くなり得る目的なその何かをもつことができないときには発展できないということを考えることができます。**発展するためには、より強い力が加重されなければなりません。**そうでなくては発展できません。（文鮮明『宇宙の根本』140）

今日、皆さんは進化論を適用しますが、アメーバならアメーバが繁殖するのにおいて、アメーバよりも大きいものが生じるためには、つまり、**現在のものよりも大きくなるためには、別の力が加えられなければならないのです。**力がプラスされたというのです。それでは、アメーバ自体が力をプラスしながら発展させることができますか。アメーバ自体が、そのような力を加入させることができるのかというのです。そのような能力があるのかというのです。（いいえ）。少しでも上がっていき、もっと大きなものになれるとすれば、ここにもっと大きな力をプラスしなければならないのです。（文鮮明『神様の摂理から見た南北統一』585）

生物が造化するために外部から加えられる力を「第三の力」と言います。第三の力とは、神からくる創造的な力であり、新しい設計図、デザインの注入です。第三の力は「宇宙的な力」とも言います。

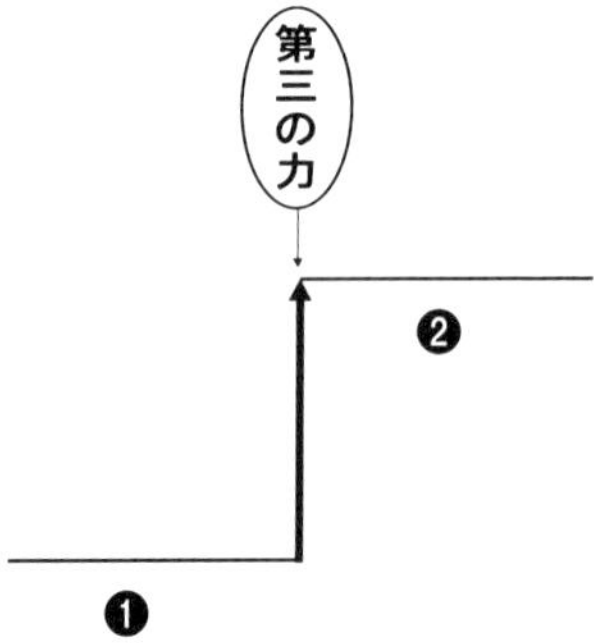

生物がいくら争ったり、逃げ回ったりしても、❶から、それより次元の高い❷へと飛躍できるわけではありません。そこには第三の力が外部から加わらなくてはなりません。

創造か、進化か？　第一の存在から第二の存在になるには、第三の力を関与しないといけない。**生物自体には、力を増加させながら、第二のものになるような力を創造するものがない。より高いものに発展していくにはそれに相応した第三の力が関与しなくてはならない。**それから複雑な構造は、内的な目的概念と外的な力の作用を入れなければ答えようがない。（文鮮明1989.8.27,アラスカ）

進化論に従って進化するためには、進化に必要な主体的力を、それ自体が持っていなければなりません。しかし、**そのようなことは理論的にはあり得ないことです。そのような力は第三者圏から投入する以外にないのです。**それでは誰がそのような働き（第三者としての）をするのでしょうか。（文鮮明『ファミリー』1982.6,5-6）

出力は入力より小さいのですか、大きいのですか？　小さい、小さいのです。ここで、どのようにして小さいものが大きくなるのかというのかが問題です。作用して小さくなるのであれば、進化論が存在しません。進化論では、大きくなるようになっているのです。それで、**中間で第三の力を加えるのです。これが創造です。**（文鮮明『ファミリー』1993.11,10-11）

進化論を結論づけて越えていこうとするなら、進化することができるためには、アメーバが大きくなれる第三の力を自分で創造しますか、補給されますか。アメーバが進化して大きくなるためには、**現在の状態から大きくなろうとすれば第三の力が加えられなければなりません**が、自分が創造しながら大きくなりますか。他人の力を受けて大きくなりますか。［自分で］創造することができなければ、［他者から］力を受けたという論理を否定することはできません。（文鮮明『宇宙の根本』147）

③ 三点基準

唯物論では二点の対立、矛盾によって事物は発展すると言いますが、二点では発展できません。発展するためには、核となる第三点が必要です。この第三点を通じて、先に述べた第三の力、あるいは宇宙的な力が働くのです。第三点の核を中心として、二点が作用することによって、四点ができます。これを四位基台と言います。そして主体と対象の授受作用によって球形運動が行われるのです。

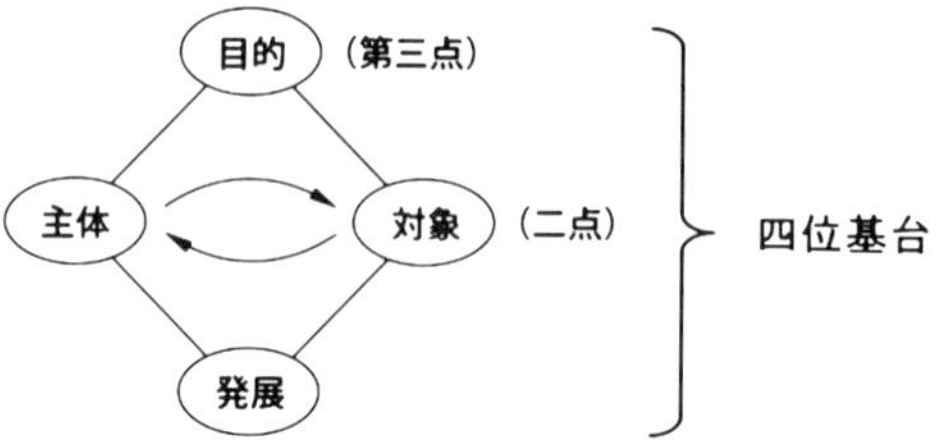

・直線上では調和がなく、発展もない

直線上では調和がありません。このようなことを理論的に話そうとすれば、時間がたくさんかかります。**直線世界でどのようにして三点をつくり出すのですか。**三点、四点、四角形をどのようにつくるのかという問題、ここから調和が成されます。円形はどこから出てくるのですか。直線からは出てきません！　**アメーバが三点自体を策定して、それを形成することのできる自力がありますか。**ありません！（文鮮明『宇宙の根本』144）

・創造にはスペースが必要

直線上には調和がなされません。直線は何かというと、二点を連結したものです。**創造されるためには、三点、四点、スペースが必要です。**この三点を誰がつくっておいたのですか。……運動というものは主体と対象がなければならないということです。それゆえに、主体・

対象がなくてはなりません。（文鮮明『宇宙の根本』145）

・三点から球形世界が展開する

直線上には調和がありません。**三点からすべての球形世界の調和基準が展開するのです。**進化論には、三点を提示することのできる能力がありません。それゆえに、創造を無視することはできない伝統的な内容があることを知らなければなりません。直線上の点にはそのようなものはないのです。（文鮮明『宇宙の根本』146）

三点を加えたのは誰でしょうか。神にほかなりません。神は三点を基準として創造をなされたのです。

進化論を語る時、**進化するアメーバ自体が進化の出発である三点をつくり出せるでしょうか。……それでは、三点の力は誰が加えたのでしょうか。**それは、理論的に、他の違う力が含まれなければならない、という事実を知らなければなりません。ですから、進化する時、進化の方向がどのようになるのですか。その方向性を誰が決定するのかというのです。進化するアメーバ自体は、方向性を備えることはできません。（文鮮明『宇宙の根本』142-43）

神様もこの世界を創造される時、三点から始めました。このように思う時、進化論というもの、「進化」という言葉を私たちが認めることはできません。アメーバが作用するならば、作用するところにおいて三点基準を自分自ら選ぶことはできないのです。その三点基準は、もう一つ別の力によって形成されるのです。（文鮮明『宇宙の根本』144）

創造において、直線上では調和するのが大変です。線は二点を連結したものです。直線上においては調和がありません。行けば行くほど遠くなるのです。帰ってくることができません。ですから、この世の中、この宇宙の出発は、直線ではありません。三点の出発が偉大だというのです。三点を合わせてついていけば、球形が生じます。直線運動から、どのように円形を回って三点基盤を見つけたのでしょうか。これは、運動する物自体がすることはできません。**ここには第三の力が介入したことを認めなければならないので、創造主がいることを公認する論理が形成されます。**（文鮮明『天聖経』629）

④　核が主体、周辺が対象

原子には原子核があります。原子核は中性子と陽子からなっていますが、核が原子の質量を決定し、陽子数が元素の化学的性質を決定しています。生物の細胞にも核があります。その核が、細胞の働きを決定しています。すなわち、核が主体、周辺が対象です。

・中心が決定されることによって、周辺部の位置が定められる

内的なものと外的なものとの先後関係を知るために、原子をみますと、原子は原子核と、その周囲をまわっている電子とから成っています。そして原子核自体も運動しています。ここで、内的運動体としての原子核と外的運動体としての電子をくらべると**中心に位置する原子核が最初に決定され、それに伴って電子とその運動が決定されるのです。**このようにみるとき、内的なものが主体であり先であることがわかるのです。

アメーバにしても、それ自体が一つの存在構成体であるからには、そこにもこのような内的要素と外的要素がなくてはならないのです。人間の細胞にも一つ一つの細胞に核があります。そして核作用と副体の作用が合わさって（核と周辺要素の授受作用によって）一つの細胞が構成されるのです。……**中心が決定されることによって、その周辺部の位置を確定することができるのです。**（文鮮明『ファミリー』1982.6,7-8）

・核のかたちに従って周辺部のかたちが変わる

いろいろと異なった性質をもった原子が存在していますが、そのすべてのものが均衡的形態（一定の形）を保っているのは、中心にある原子核自体が均衡を保っているからです。そして、それらの原子が集まって原子圏を形成しているのです。即ち原子核によって元素圏（周期律表内）での位置が決定されるのです。……このようなことから、**核のかたちに従って、その副体（周辺部）の形態が変わる**という論理を考えることができるのです。

植物界から動物界に至るまでの**すべての存在世界のすべての分科要因は、その存在の核自体にあり、核自体の区分に従って結果的に、その存在の層（位置）が確定するようになるのです。**このようにして段階的にいろいろのものができるのです。植物も段階的に数千種になり、動物も数百種になるのです。このような観点からみれば、つまり、核自体のかたちのいかんに従って、その存在圏での位置が決定するとみれば、進化論でいう系統的発展理論が崩壊してしまうのです。（文鮮明『ファミリー』1982.6.8-9）

・核が違えば絶対に和合することはできない

白菜と大根を合わせようとして人間がどんなに努力したとしても、一つにすることはできません。つまり、連続させることができないのです。絶対できません。なぜできないかというと、核構成が違うのです。核構成が違うことによって副体（周辺部）形成が違ってくるので、

その運動が合わないからです。……核的作用が和合することができて、はじめて副体（周辺部）の形態の関係性が連結できるるのですが、核が根本的に違うときには絶対に和合することができないのです。これが現実世界の存在を中心にした理論的な結論であるとみるのです。このような観点でみるとき、猿の核が人間と異なるにもかかわらず、猿から人間に進化したという論理の展開は認めることができないのです。（文鮮明『ファミリー』1982.6.9）

⑤宇宙的な力による核の形態の変化

文師は宇宙的な力である、精神的、動機的な力が母体となって、核の形態に変化が生じると語っています。

- 精神的な、動機的な力が母体となって形態が変化する

進化に際して、すべてのものが段階的に発展するためには発展させるための力、つまり精神的な、**動機的な力が母体となって働かなければなりません。それによって、はじめて形態に結果として変化がもたらされるということの方が理論的なことです。**（文鮮明『ファミリー』1982.6.6）

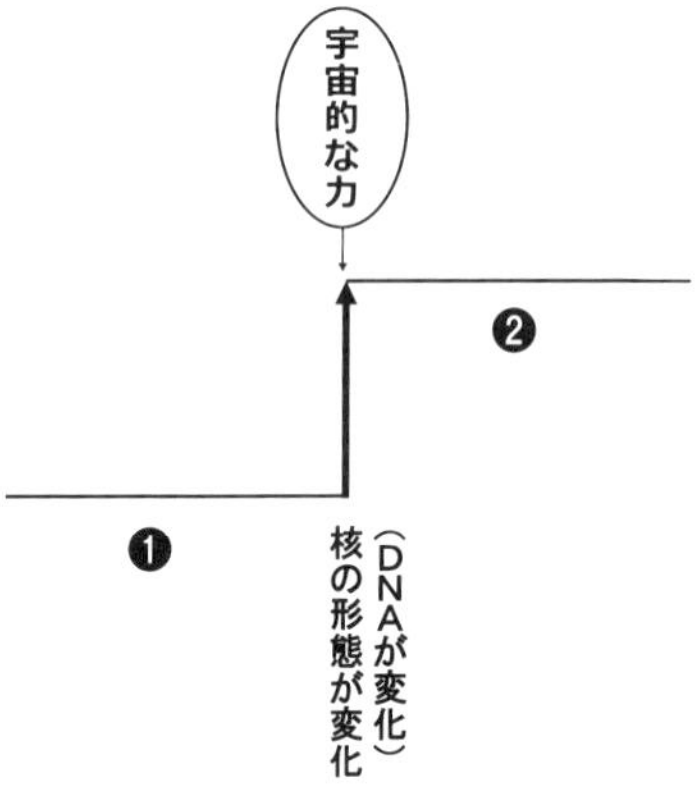

・宇宙的な力が核を変化させる

進化するために必要な力がどこかから補充されなければなりませんが、進化論を主張しようとすれば、それを自体内に求めなければなりません。しかし、**核の形態の変化を自己自体に起こしてから連合させることのできる自体内の力はあり得ないので、進化論でいうところの進化は不可能だという結論が出てくるのです。**……すべての存在の内的作用の力を起こすことのできる宇宙的な力があるということを知った上で考えなければならないのです。(文鮮明『ファミリー』1982.6.11)

生物が❶から❷へと飛躍するためには、宇宙的な力が必要です。宇宙的な力とは、神からくる創造的、精神的な力であって、先に述べた第三の力と同じものです。そのような宇宙的な力が及んで生物の核を変化させるというのです。それは科学者のいう遺伝子の組み換えに相当します。すなわち、神が遺伝子を組み換えながら、新しい種を創造されたということです。

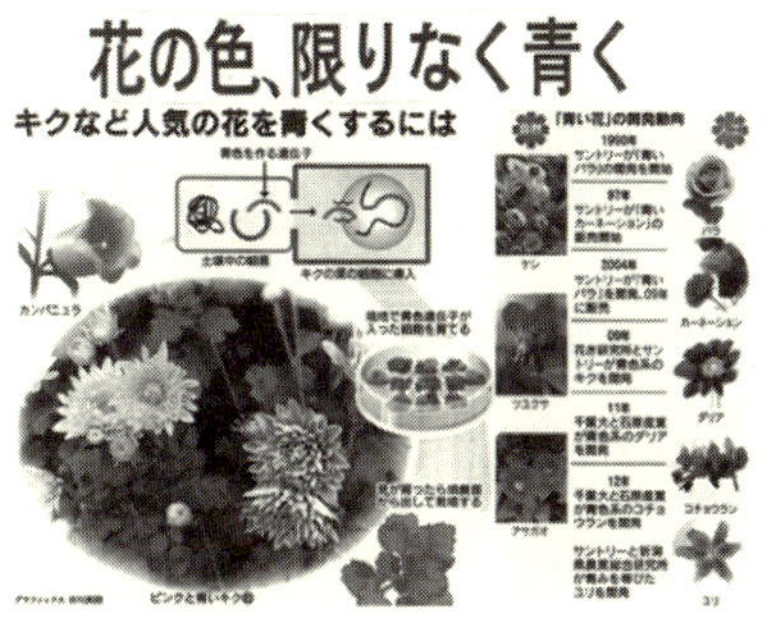

色素を作る遺伝子組み込み（日経、2013.2.10）

青いバラ
（産経、2009.10.21）

人間の科学者も遺伝子組み換えの技術で新しい品種づくりをしています。最近の目覚ましい例は、青いバラです。それまで世界中のバラづくりをする人たちが、青いバラを作ろうとしましたが、誰も成功しませんでした。それゆえ、〝Blue Rose〟という言葉は不可能の代名詞になっていたのです。ところがサントリーが十四年かけて、ついに青いバラを作ることに成功しました。

青いバラのみならず、今、遺伝子の組み込みによって、様々な青い花が作られています。

遺伝子の組み換えのみならず、遺伝情報を読み取りながら、特徴の異なる品種を掛け合わせることによって農作物の品種改良もなされており、変わり種の新農作物が続々と作られています。

ところで人間ができるのは同じ種の中での変わり種を作ることです。バラの花から別の花を作ることはできません。ネギから別の野菜を造ることもできません。しかし神は遺伝子

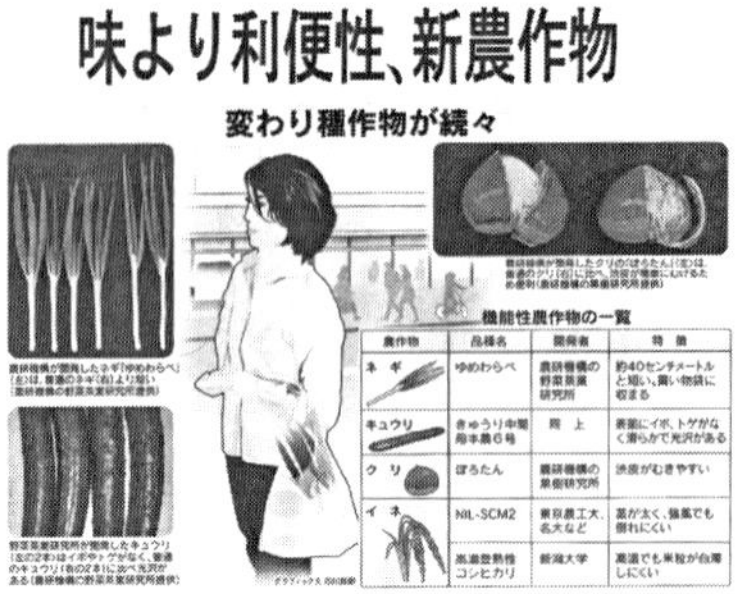
味より利便性、新農作物

変わり種作物が続々

機能性農作物の一覧

農作物	品種名	開発者	特徴
ネギ	ゆめわらべ	農研機構の野菜茶業研究所	約40センチメートルと短い。買い物袋に収まる
キュウリ	きゅうり中間母本農6号	同上	表面にイボ、トゲがなく滑らかで光沢がある
クリ	ぽろたん	農研機構の果樹研究所	渋皮がむきやすい
イネ	NIL-SCM2	東京農工大、名大など	茎が太く、強風でも倒れにくい
	高温登熟性コシヒカリ	新潟大学	高温でも米粒が白濁しにくい

運びやすい短いネギなど（産経、2012.9.16）

を注入しながら、ある種からより高次な種を造るというように、段階的に創造されたと見ればよいのです。

⑥主体と対象の授受作用による発展

対立する関係にある二者では、反発するのみで、発展的な作用はできません。また両者が全く同格、同質であっても作用することはできません。一方が働きかけ、他方がそれに応じるという関係、すなわち与えて受けるという関係、能動と受動という関係にあってこそ、発展的な作用が起きるのです。このような関係にある二者のことを主体と対象と言います。

・相対関係を通じてより高い発展がなされる

自分だけがいれば発展するのですか。あなたと私とで喜ぶことができるその内容を中心として発展するのです。発展は、あなたと私の間の相関関係において、**理想的な授受をすることによってより次元の高い発展が展開される**のです。（文鮮明『宇宙の根本』151-152）

•主体と対象の授受作用を通じて力が生じる

力はそれ自体では生じ得ません。授受作用をしなければ、相対的な関係が造成されないために力が生じません。皆さんの体で作用し発生する力も、四肢五体で授受作用を通して出てくるのです。授け受けるのに比例して、力が生じるのです。力が存在する前に授受作用がなければなりません。それでは、授受作用をするにはどうあるべきでしょうか。一人では絶対に授受作用をすることはできません。それを否定する道はありません。授受作用をするにおいて、絶対に必要なのが相対です。これは、あらゆる存在様相にとって絶対に必要な条件です。相対がなければ授け受けることができないのです。……愛とは、授け受ける作用を起こす力のことをいいます。それは、男性と女性が授け受ける作用の力なのです。それゆえ、**愛という力の母体が生じるためには授受作用がなければならず、授受作用が存在するためには男性と女性が絶対的に必要なのです。すなわち、相対条件が必要だというのです。**（文鮮明『訓教経・上』563-64）

•主体と対象の関係を通じて、より大きいものへと発展した

作用がないならば、アメーバからより大きな存在が出てくることはできません。より大きな存在が出てこようとするならば、必ず作用が起こらなくてはならず、ここに何かの力が連

結されなくてはなりません。すなわち、**力が連結されようとするならば作用をしなければならず、作用をしようとするならば主体と対象の関係があるべきです。**……**神様は主体と対象の関係を発展的な相対形として整えて、新しい目的の価値を提示した結果、より大きいものへと発展したのです。**（文鮮明『神様の摂理から見た南北統一』582-83）

ところが相対的要因が合わなければペアになれず、作用しないのです。

被造世界を探ってみると、鉱物世界も、植物世界も、動物世界も、人間世界も、みんなペア（相対）システムになっています。なぜ、ペアとして存在しているのでしょうか。鉱物世界はプラスイオンとマイナスイオンで作用します。元素同士も何でもくっつくというのではありません。**相対的要因が合わなければ、神も（ペアになれと）命令できないのです。**その反対に、互いに相対的要件が合う時は神も引き離せません。（文鮮明『文鮮明師と新ソ連革命』48）

ペアにならないものを、いくら力を通してやっても、神様だとしても、和合作用もしないのはもちろん、一つにもなりません！　なぜですか。これが宇宙の法です！　なぜですか。愛の理想を中心としてつくられ、相対性を分け与えたために、宇宙はペアシステムになっています。（文鮮明『宇宙の根本』144）

被造世界を観察すれば、鉱物世界、植物世界、動物世界、人間世界もすべてペア・システムになっているのが分かります。鉱物世界を見ても、プラスとマイナスが作用しています。元素と元素も、どんな組み合わせでも結合するわけではありません。相対的要因に合わなければ、神様も思いどおりに命令できません。それと反対に、互いに相対的要件が合うときは、神様でも妨げることができないのです。レベルは低いのですが、鉱物世界も愛の創造理想型モデルの核に反応できるよう、そこに通じるように作用するのです。（文鮮明『天聖経』643）

宇宙も相対的関係が成立するところから始まったのであり、唯物論者が言うような矛盾による闘争から由来したのではありません。

この宇宙の最初の出発は、どのようになされたのでしょうか。それは唯物論者たちがいうように、矛盾による闘争から由来したのではなく、相対的な関係が成立するところから始まったのです。すなわち、相対的な関係を追求するところから宇宙が発生し始めたというのです。

……このような観点から見れば、矛盾対立して互いに作用するという弁証法は根本的に間違っ

ているのです。（文鮮明『訓教経・上』564-65）

進化論は個体が生存に適しているかどうかで進化を論じています。しかし、主体と対象の相対関係を通じて作用し、発展したことを見ていません。

• 進化論は作用性に対する根本問題に触れない

〔進化論は〕作用性に対する根本問題に触れないようにします。なぜ作用しようとするのか、なぜ一つになろうとするのか、という問題に触れませんでした。それ自体を中心として発展するというのです。発展する場合必ず大きなものに発展するのですが、ここに突然変異という仮想的な論理を立てて、補填しようと努力しています。（文鮮明『神様の摂理から見た南北統一』588）

• 主体・対象の概念によって進化論は崩壊せざるをえない

今日の科学者たちは、「この宇宙は力でできている」と言います。しかし、力がある前に作用が先だという事実を知らずにいます。作用があるがゆえに主体と対象があるという事実を知らないので、混乱が生じるのです。主体・対象の概念によって事物を判断するときには、進化論が根本的に壊れていくのです。（文鮮明『宇宙の根本』162）

まとめ

熱力学の第二法則（エントロピーの法則）によれば、創造的な力の作用なくして、そのまま放置しておけば、空き家が壊れていくように、事物は次第に秩序的な状態から無秩序な状態に崩れていきます。ところが進化論は、その反対に、次第に秩序が増していく方向に移行することを主張しています。すなわち、創造的な力の作用なくして、互いに生存競争をしているうちに、生物は進化すると言いますが、それはあり得ないことです。

生物の外的な形態は細胞の核によって決定されています。したがって核の形態を変化させる力が及ばなくてはならないのです。核の形態を変化させるとは、核の中にあるＤＮＡを変化させるということであり、それは神による創造力の注入すなわち新しいデザインの注入です。それは現在の生物学者が行っている遺伝子の組み換えに相当します。神が第三の力を投入しながら生物に新しい遺伝子を注入し、遺伝子を組み換えながら、新しい種を創造されたのです。そして、それは単独の個体を通じてなされたのではなく、相対的なペアを通じてなされたのです。

(6) 相似性は進化の証拠か、創造の証拠か

進化論者は、様々の生物の間に相似性があるということから進化だと主張します。それに対して、統一思想の立場からは、神は未来において創造する人間の姿を標本（モデル）として、万物を構想されたと見ます。したがって、生物は人間の姿に似ていると同時に、互いに似ているのです。進化論者は似ているから進化と言いますが、「統一思想」では、似ているから創造だと見るのです。

① 相同器官について

進化論では、祖先においては同じ器官であったものが、進化の過程で変化したものを相同器官と言います。外形や機能は異なっていても、基本構造は同じであって、これは進化の証拠であると言います。しかし基本構造（骨格）が同じでも進化とは言えません。

- 骨格が同じでも進化したといえない

すずめとほおじろとは兄弟です。……それでは、すずめとほおじろをペアにすれば新しい

ものが生まれますか。全く、学者という人々が考えるには、雄と雌が愛して子を産んで発展したという論理を無視して、**外形的形態の構成が同じだから進化したというのですか。**（文鮮明『宇宙の根本』125）

もし猿と人間が一つになったとしても、猿も出てこないし、人間も出てきません。**ただ骨格が同じだからといって、進化発展するのではありません。**（文鮮明『ファミリー』1990.12,44）

・猿と人の骨格が似ていても、人間は猿とは次元が異なる

人が猿のような体を持っているのは事実ですが、次元が違います。霊的な存在である人間は、霊的存在でない猿とは次元が違います。根本が違うのです。猿の手と足の形は人の手足に似ています。このように**多くの点で人間と似ているため、猿が進化して人間になったと言うのです。**……進化論では、この猿が飛躍的な発展、すなわち突然変異によって人間になったと言います。それらしい論法ですが、ここには無神論者たちの魔術的な要素が隠されているのです。（文鮮明『二世の道』52）

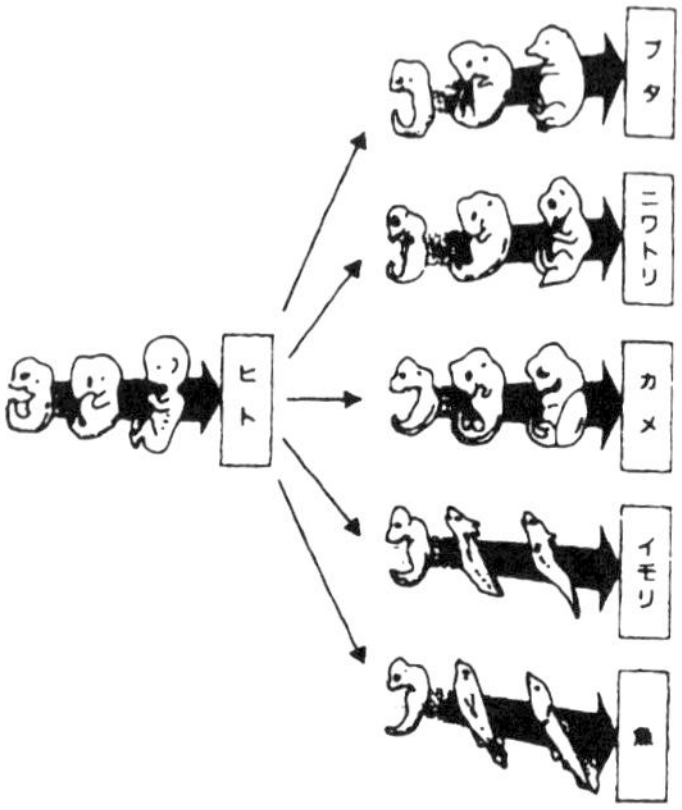

人間の胚の成長がモデル

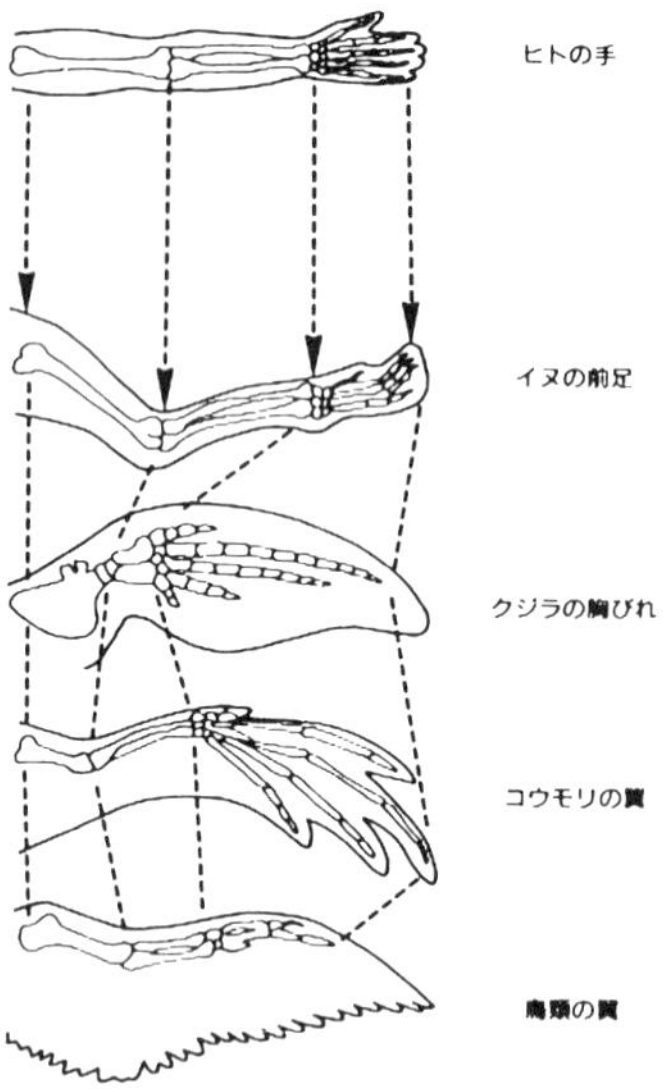

ヒトの手がモデル

　進化論のいう相同器官は進化の証拠ではなく、人間を中心とした相似性の創造を示すものです。すなわち、鳥の翼が人の手に進化したのでなくて、人の手をモデルとして動物の前足や鳥の翼が構想されたのです。

② 発生反復説について

　脊椎動物の胚を比較すると、発生初期はどれもよく似ていて、鰓裂（えらあな）や尾をもつほか、心臓などもすべて一心房一心室の時期を経過します。進化論者はこれを、動物は個体発生の過程において、進化の道筋をたどりながら、過去から現在までの過程を再現しているのだと主張しています。したがって、人間の胚の成長を見れば、魚から人間まで進化した道筋が見えると言います。しかしそうではありません。動物の胚の成長のプロセスも、人間の胎児の成長のプロセスをモデルにして考えられたものです。したがって、個体発生（胚の成長）は人間を中心とした「相似性の創造」を示すものなのです。

③ 痕跡器官について

進化論では、祖先の時代には働いていたものが、進化の過程で働きを失い、退化したと考えられる器官を痕跡器官と言います。そして退化も進化の一つのプロセスと見ています。しかし、それは進化の証拠ではありません。例えば進化論者は、人間の背骨の下に、「尾てい骨」があるのは、昔、猿のように尻尾があった名残だと言いますが、そうではなく、四足動物が安定して走れるように、神は、人間の背骨を伸ばして尻尾を付けたのです。また進化論者は、人間の耳に「動耳かく筋」があるのは、昔、うさぎのように、耳を動かしていた名残だと言いますが、そうではなく、人体は万物の総合実体相であって、全ての万物の要素を総合し、縮小した形で持っているのです。したがって、神は、人間の耳を拡大、変形して、うさぎの耳を構想されたのです。

④ 人間がモデル

人間は神の似姿に構想され、万物は人間の似姿に構想された。これを相似性の創造といいます。

・全ての万物は人間をモデルにして造られている

人間が生命をもって生まれる時は、宇宙のすべての生命をもって生まれたような、相対的な原因をもって生まれたということを、我々はここで語ることができるのです。**人間をモデルにして、低級微生物から高級動物まですべて造ってきたのです。**ですから、進化というのは結果的打診にすぎません。（文鮮明『神様の摂理から見た南北統一』586）

・万物は、人間を標準として造られた

元来すべての万物は、人間を標準として造りました。すべての万物を人間に帰結させるために創造したというのです。このように創造した人間を最初の出発とともに、最後の誇りとして立てようとしていたのが神様の望みでした。（文鮮明『訓教経』上,640）

・人間を目的として宇宙万物は造られた

初めに人間は神様によって生まれました。神様が天地万物を造られる途中に、人を造ろうと考えられたのではありません。神様が天地万物を造られたのは愛する息子、娘である人間のために造られたのです。それゆえ、人間は創造の理念で見るとき、主体的な立場にありま す。考える側面においても、主体的な立場に立たなければなりません。それを宣言して、**神様は人間を目的的な実体として造りました。目的的な実体であるがゆえに、あらゆる宇宙は、人間を中心として網のように結束されているのです。**（文鮮明『訓教経・上』734）

まとめ

進化論者は生物の外形や構造の相似性があれば、進化の証拠だと主張します。しかしそうではありません。神は未来において創造する人間（アダムとエバ）の姿を構想しながら、その人間の構想をモデルとして、生物を高級なものから低級なものへと構想されたのです。したがって生物は人間に似ているのです。また生物同士も互いに似ているのです。進化論者は似ているから進化だと主張しますが、統一思想は似ているから神による創造であると主張するのです。

(7) 人間はいかに誕生したか

人間はいかにして生まれたのでしょうか。進化論が言うように、生存競争に打ち勝った猿が人間に進化したのでしょうか。つまり人間は進化した動物なのでしょうか。それとも、動物とは異なる霊性を持つ人間として、神によって創造されたのでしょうか。その場合、聖書に書かれているように、土のちりから、さっと造られたのでしょうか。

① 人間とは

人間とは何かという問題は、人類歴史始まって以来、宗教者、哲学者等によって、追求されてきましたが、いまだに明確に解明されていません。

今日の哲学思想、その哲学思想とは何かというのです。これは、すべて一番下から探求していくのです。ところが、これが、「どのようになっているか」と理論的な追求をしてきましたが、「**人間とは何か。真の人間とは何か**」ということに対してまだ結論が出ていません。すべての学者、すべての有名な哲学者が人間の問題を中心として考えましたが、この結論がまだ出ていないのです。「人間とは何か。人間の起源とは何か」ということに対して、**進化論や創造説による様々な学説を通しても、まだ解決されていないというのです。「こうだ」と言える決定が出ていないというのです。**（文鮮明『宇宙の根本』161）

この問題に対して文師は、人間は真の愛（神の愛）の実現のために生まれたと、明確に答えています。

人間は何故生まれたのか？　この質問に対して、哲学の世界において、今日まで誰もはっきりした解答を出せなかった。しかし、今は、はっきり答えが分かるようになってきた。何故人間は男・女に生まれたのか？**「神が最高に願う真の愛のために生まれてきた」**という答えを聞いた場合には、君の五官の感覚がよろこぶか、それとも悲しむか、考えてみなさい。（文鮮明『祝福』一九九二秋季号、37-38）

皆さんの体は地球上で永遠に生きることはできませんが、**皆さんは永遠の愛を追求しているのです。**ですから歴史を通じてすべての偉大な文学、小説も愛を永遠なものとして扱ってきたのです。（文鮮明『ファミリー』1982.6.18）

人間は万物の霊長であって、霊人体があり、本来は神に通じる存在であり、直立歩行するようになっているのです。それに対して、動物には霊はなく、肉体のみの存在であって、生存と繁殖のみを中心として生きているのです。彼らは横的に走ったり、這ったり、泳いだり、飛び回ったりしています。

人間は立って歩きまわりますが、動物の中で人間のように立って動きまわる動物がいるでしょうか？　人間以外に立って歩きまわるものを何か見ましたか？　人間だけが立って歩くのです。ですから、人間だけに良心があるというのです。**動物には、天と通じる高次元的な理想を描くことのできる心がないのです。**横的であり、足場でしかないというのです。（文鮮明『ファミリー』1994.1,19）

心が縦的になっているので、人間は立って歩かざるをえないというのです。そして天理を創造し、理想を創造し、宇宙を創造できるのです。これが、動物世界とは違うところです。（文鮮明『ファミリー』1994.1,65）

ところで皆さん、「良心は正しい」ということを、なぜ言うのでしょう。**人間を万物の霊長というのは、立って歩くからです。**正しくまっすぐな神様の愛を、垂直に受けることができるのです。ライオンなどの動物は垂直の愛を受けることができません。（文鮮明『祝福』一九九四夏季号、48）

あらゆる万物の中で動物は皆四つ足で歩きますが、**人間はなぜ二本足で歩くのでしょうか。なぜですか？　縦的な代表者だからです。**このあらゆる被造万物の中で人間だけが立って歩ける動物なので、神様が分かるようになっているし、無形世界や何かといった無限に高い垂直世界と無限に低い垂直以下の世界を考えるようになっています。（文鮮明『二世の道』53）

進化論では、人間は猿から進化したと言います。しかし、私たちは、本心において、猿の子孫であることを願っていません。

皆さんは理想的な調和をもった被造物でありたいですか。それとも進化の副産物でありたいですか。（理想的調和をもった被造物です）。猿のいとこになりたいですか。それとも神の息子、娘になりたいですか。（神の子です）。どうしてそうなのでしょうか。猿には真の愛がありま

せん。肉的な愛だけしかありません。（文鮮明『ファミリー』1982.6.18）

ある動物学者たちは、人間の祖先が猿だと言うのですが、それならば、その学者に対して「先生、あなたのご先祖さんは誰ですか。猿ですか。では、猿の何十代目の孫であられる先生」とあいさつしてみなさい。喜びますか。とんでもないと言うのです。気分が悪いのです。皆さん、猿が皆さんのご先祖さんならばうれしいですか。（文鮮明『神様の摂理から見た南北統一』577）

人間は神を信じ、あがめています。あるいは、神がいるか、いないか論じたりしています。そのようなことをしているのは人間だけです。

［猿と］人とは種子が違います。人間は、自己を中心にしたものではなく他を中心として、より大きいことを中心として所望しながら生きるようになっているのであり、自己より低いものを所望しながら生きるようになっていないのです。次元が違うのです。人間は古代から、すなわち、人間が生じた時から神を崇拝してきました。**神様を崇拝しない種族はありません。神様を考え、我々人間がもっとよくなる世界を考えながら来たのです。**猿は、その頭でその

ようなことを考えられますか。……猿に、そうすることのできる内容、力がどうやって加重して入っていきますか。話にもならないのです。（文鮮明『神様の摂理から見た南北統一』579）

それでは、人と猿とを比較してみましょう。……**猿たちが集まって座って、祖先が何をどのようにした、神様がいるのかいないのかと議論するすべを知っていますか。**（できません）。霊界があるということを考えたりもしますか。宇宙が平和の世界となり、一つの世界となり、愛の花園になるということを夢見ますか。（文鮮明『神様の摂理から見た南北統一』578-79）

猿と人は種子が違います。猿が文化的な生活をしますか。人には、生命が始まった時から宗教が付いて回りました。……**猿が神様を賛美しますか。猿は、ただ食べることを喜び、食べて繁殖すればそれで終わりです。**人と猿では全く違います。（文鮮明『宇宙の根本』138）

②　神は初めにアダムを造られた

聖書には、神は初めにアダムを造り、次に「人がひとりでいるのは良くない、彼のために、ふさわしい助け手を造ろう」と言って、エバを造ったと書かれています。文師も、次のように語っています。

・神は最初にアダムを造った

〔神は〕アダムをつくられたので、その次はエバをつくられるのですが、**エバは、アダムをまねてつくるのです。**（文鮮明『ファミリー』2001.3.14）

・アダム一人ではいけないのでエバを造った

神**は宇宙の中に、アダム一人をつくりました。**アダム一人をつくることによって神の願いは芽を吹き始めたのです。それから、**アダム一人だけではいけないのでエバをつくりました。**神はアダムとエバをつくり「ああ、見るに善い、好ましい」と言われました。神とアダムという縦的な関係だけではいけないので、横的な対象を備えて、それが相対的因縁を結べばよいというのです。（文鮮明『祝福家庭と理想天国Ⅰ』561-62）

・完全なるプラスが現れれば、完全なるマイナスは自動的に生まれてくる

完全なるプラスが現れた場合には、完全なるマイナスは自動的に生まれてくるようになっています。それは創造の原則です。完全なるマイナスになった場合には、完全なるプラスが生まれてくるようになっています。ですから、世界人類の女性と男性の比重はあまり変わり

ません。天地の理知によって、そうなっています。空気がいかに自分の気ままに往来しても、それは平均をとるためのものであると同じようにです。**完全なる男性が生まれた場合には、完全なる女性が生まれるようになっている**ということを、聖書では、女はアダムによって造られたと象徴的に書いてあります。（文鮮明『祝福家庭と理想天国Ⅱ』708）

③ エバはアダムのあばら骨から造られたか

聖書の「創世記」には、神はアダムを眠らせて、あばら骨一本を抜きとり、そのあばら骨からエバを造られたと書かれています。

聖書には
初めにアダムをつくり
アダムのあばら骨で
エバをつくったとある…

これは比喩的な表現です。あばら骨とは、骨組み、設計図を意味しているのです。

したがって、アダムのあばら骨からエバを造ったというのは、アダムを見本として、アダムを造る場合と同様な原型、公式によってエバが造られたことを意味するのです。

聖書にアダムのあばら骨を取ってエバをつくったとあるのは、何を意味するのでしょうか。**それは原型としてつくったということを意味します。**(文鮮明『祝福家庭と理想天国Ⅰ』557)

聖書を見ると、**男性のあばら骨を取って女性を造ったとありますが、それは、男性を見本にして女性を造ったという意味です。**(文鮮明『祝福』一九九三秋季号、12)

すなわち、神はアダムのあばら骨を抜いたのではなく、アダムの骨格をまねて、アダムの相対者としてエバを造られたのです。

神様はアダムのあばら骨を取って配偶者をつくったという事実に留意すべきです。それは、**実際にアダムのあばら骨を取ったのではなく、アダムに似せた相対者としてつくったという意味なのです。**(文鮮明『祝福家庭と理想天国Ⅰ』578)

エバは、アダムをまねてつくるのです。相対となることができるように、まねてつくるのですが、それはどういうことかといえば、**アダムをつくった原則、ブループリント（青写真）を中心として、それをまねてエバをつくったというのです。**聖書を見ると、男性のあばら骨を取って女性をつくったということが書かれていますが、それはどういうことでしょうか？　それは、〝**骨子**〟**をまねてつくった**ということです。（文鮮明『ファミリー』2001.3.14）。

聖書にはアダムを創造したのちに、アダムのあばら骨を抜き、エバを創造したとあります。**しかし実際にあばら骨を抜いたのではなく、骨格をまねたということなのです。**皆さんが本を読んで、「その本の要点を抜き出した」と言うでしょう。そのように、エバもアダムの骨格をまねて造ったのです。（文鮮明『訓教経・上』372）

④　アダムにはへそがあったか

聖書を文字どおりに信じる創造論者は、アダムは土のちりから突然造られたのだから、彼にはへそはなかったと考えています。へそは母親のおなかから生まれたという印だからです。ですからアダムにへそがあったか、なかったかということは大きな問題なのです。それに関して、文師はアダムにはへそがあり、母親がいたと語っています。

では、アダムが生まれた歴史を話します。アダムにへそがあったでしょうか、なかったでしょうか？（「ありました」）。そのことから知らなければなりません。へそがなければ、どこから生まれたのですか？　**アダムにはへその緒があったので、母親がいたのです。**母親の腹中にいなければならないではないですか。（文鮮明『祝福』一九九九冬季号、28）

⑤アダムとエバに胎中期間があった

聖書を文字どおりに信じる創造論者は、青年のアダムが土のちりから突然造られたのだから、アダムには幼児の時代はなかったと考えています。当然、エバにも幼児の時代はなかったことになります。しかし神様は魔法使いでなく、最高の科学者であると見る立場から言えば、神はアダムを土のちりから突然造られるというようなことはされません。母親がいて、幼児として育てる過程があったと見るべきです。エバも同様の過程で育てられたのです。また、母親がいたということは、当然、父親もいたことになるでしょう。文師はアダムとエバには胎中期間があったと語っています。

アダム、エバを神様が造ったのなら、それをどのように造ったのでしょうか。土でこねて造ったなら、どのような土で造ったのでしょうか。どこから出発したのでしょうか。どこから始まったのでしょうか。**アダム、エバを、成人になった人として造ったとは考えられません。赤ん坊から造りました。**神様が、赤ん坊をはらんだ母が、抱いて育てるのと同様な、そのような過程を経て造ったという論理を立てなくては、このすべての三段階の秩序を通じた存在の形成というものは、説明する道理がありません。それで、**アダム、エバに胎中期間があったというのです。その次に、長成期がありました。これは天理です。その次に完成期がありました。**（文鮮明『天国を開く門・真の家庭』128）

⑥ 双子のようなアダムとエバ

神はアダムとエバをほぼ同時的に造られたのです。すなわち、アダムとエバは双子として、あるいはほとんど双子のような兄と妹として、造られたのです。

アダムとエバは双子と同じなのです。これが分かれていませんでした。初めから、神様からすべて一つになっていたのです。胎内にいる双子と同じ立場で生まれて、……それがアダムとエバの創造であったということを知らなければなりません。（文鮮明『ファミリー』2004.6,9-10）

二人の赤ん坊が母親の懐を中心として、**一緒に乳を飲んで大きくなった**ということを皆さんは知らなければなりません。右側をアダムが飲めば、左側はエバが飲んで大きくなったということです。（文鮮明『ファミリー』2004.6.10）

それでは根本に戻り、創造当時に神様は、アダムを中心として創造されたのでしょうか、エバを中心として創造されたのでしょうか、二人を一緒に創造されたのでしょうか。このようなことが問題になります。**アダムとエバが、絶対的な価値の内容をもちながら、出発も一緒にしたという基準を中心としなければ、和合統一はありません。**和合なので統一されなければならないのです。ですから、縦横が和合し、統一されなければならないのです。統一されるためには、絶対価値観が一つでなければなりません。（文鮮明『後天時代と真の愛の絶対価値』237-39）

⑦ アダムとエバは土から造られたか

聖書の「創世記」には、神は土のちりから人を造ったと書かれていますが、土とは、文字どおりの土ではなくて、広く万物を意味しています。

アダム・エバ自体を神様が創ったなら、どのように創ったか？　**土でこねて創ったなら、どのような土で創ったか？**　どこで出発したか？　どこから始まったかというのです。（文鮮明『天国を開く門・真の家庭』128）

では、エバはどのようにして捜し立てるのでしょうか。アダムを通してつくらなければなりません。**土でいいかげんにつくることはできない**というのです。（文鮮明『祝福家庭と理想天国Ⅰ』565）

土からアダムとエバを造ったということは、万物を材料として、アダムとエバの肉体を造ったということです。

すべての万物は、神様の息子、娘を造ることができる土台だというのです。関係して連結することができる土台です。動物もそうであり、鉱物もそうです。（文鮮明『宇宙の根本』101）

神は人間を創造される前に天使世界をつくられ、天使たちの協助を受けつつ万物をつくられ、その**万物を材料として人間をつくられたのです。**（文鮮明『祝福家庭と理想天国Ⅰ』770）

アダムとエバに父と母がいたとすれば、彼らはいかなる存在だったのでしょうか。彼らは肉体的には人間と全く同じ姿をしていましたが、まだ霊（霊人体）がありませんでした。つまり彼らは人間ではなく、万物の次元に属していたのです。

アダムが現れる前に人間がいたとしても、それは人間ではありません。土くれと同様です。人間と同じ格好をしていても人間ではないのです。それは神の公認された創造理想の法度において、人間とは認定できないのです。（文鮮明『祝福家庭と理想天国Ⅰ』562）

⑧ 神は人の身体を造ってから霊人体を吹き込んだ

神は、まず万物を土台として肉体としてのヒトを創造されました。そして選ばれた一組のヒトの夫婦から生まれた子供に霊人体を与えて、人間アダムとエバが創造されたのです。

天地創造の道理を見れば、核心を先につくってから相対をつくったのではありません。核心をつくる前に、相対的な条件をつくっておいたのです。人を造るために土を先に造ってお

> きました。外的なものを基盤として内的なものを立ててきたのです。それが天地創造の道理です。現在のものよりもさらに大きなもの、価値の小さな所からより価値のあるものを求めていくのです。天地創造の道理がそのようになっているのです。人間の創造を見ても、**体を先に造っておいてから霊を吹き入れたのです。**（文鮮明『天聖経』609）

人類学において、五万年前にヒトの文化が大きく花開いたと言いますが、それも大きな謎になっています。

> 数十年に及ぶ研究の結果、ここで〈五万年前に〉断絶があったことは確かだろう。しかし、その理由となるとあいかわらず雲をつかむようでしかない。……私たちは「ヒト文化の曙」という言葉を使ってきたが、同じ意味で「ヒトの革命」「創造的爆発」「偉大なる飛躍」「社会文化的ビッグバン」という人もいる。……**ヒト進化史最大の難問である「曙」そのものについて考えるべき時がきた。「曙」とは結局何だったのか。**（R・G・クライン、B・エドガー『5万年前に人類に何が起きたか？』279-88）

人類学者は、先史時代には、レオナルド・ダ・ヴィンチのような芸術家が現れていると見ています。また彼らが、現代にタイムスリップすれば、月まで行く科学的能力を発揮するだろうと言います。

「先史時代における、いわばレオナルド・ダ・ヴィンチのような芸術家が、［ショーヴェ洞窟に］たったひとりで絵の大半を描いた」（R・G・クライン、B・エドガー『5万年前に人類に何が起きたか？』282）

「クロマニヨン人は、神経機能面の能力としては、月に行ける状態にあった」（カール・ジンマー『進化大全』410）

彼ら〔クロマニヨン人〕が、ただ肉体的に進化しただけの存在であれば、レオナルド・ダ・ヴィンチのような絵を描いたり、月にロケットを飛ばすようなことは不可能です。単なる肉体だけの存在のみならず、霊性のある存在でなければなりません。それは動物的存在ではなく、霊の吹き込まれた人間、すなわちアダムとエバの子孫が登場したと見るべきでしょう。

まとめ

キリスト教では、最初の人間の男性（アダム）は土のちりから、さっと造られ、最初の女性（エバ）はアダムのあばら骨から造られたといいます。しかし科学時代の今日、科学的な思考を持っている現代の人々は、そのような魔術的な創造論は受け入れられません。そこに科学的な装いをした進化論が現れてキリスト教の創造論を圧倒したのです。しかし進化論も、生物は偶然的な突然変異の積み重ねで進化し、猿から人間に進化したと主張しています。これもまた一種の迷信と言わざるを得ません。それに対して統一思想は、科学的にも納得できる人間観を提示しています。

(8) 進化、創造のプロセス

① 段階的創造

神の創造は、種から種へと飛躍しながらなされたのでしょうか？　それとも長い時間をかけながら、徐々になだらかに、種から種へと創造されたのでしょうか？　生物は段階的に創造されました。すなわち、既存の種に、神の創造力（第三の力、宇宙的な力）が作用することによって、新しい種が創造され、その後、一定の時間が経過したあと、再び神の創造力が作用することによって、さらに新しい種が創造されるというようにして、長い時間をかけて、雄と雌の愛の過程を通じて段階的に創造されました。

・雄と雌の愛の過程を通して段階的に発展

アメーバから人間の男女まで、どのような段階を通過してきたのでしょうか。非常に多くの段階が必要なのです。どうして愛の門を通り抜けることができるというのでしょうか。……**雄と雌をして、愛の過程を通してから一段階ずつ、発展していくのです。……進化論は愛を通して段階的に発展してきたことはみな除外してしまっているのです。**（文鮮明『ファミリー』

1990.8.21-22）

・段階的に愛のはしごを登っていく

それで、このような小さいものたちが大きいものになろうとするので、……しきりに**はしごを選んで登っていくというのです。**宇宙が為に生きて犠牲になることを喜ぶという原則が、**犠牲的に投入する愛でもって連結されている**ということは理論に合っている話です。皆、**愛のはしご**なのです。（文鮮明『ファミリー』1993.11.10）

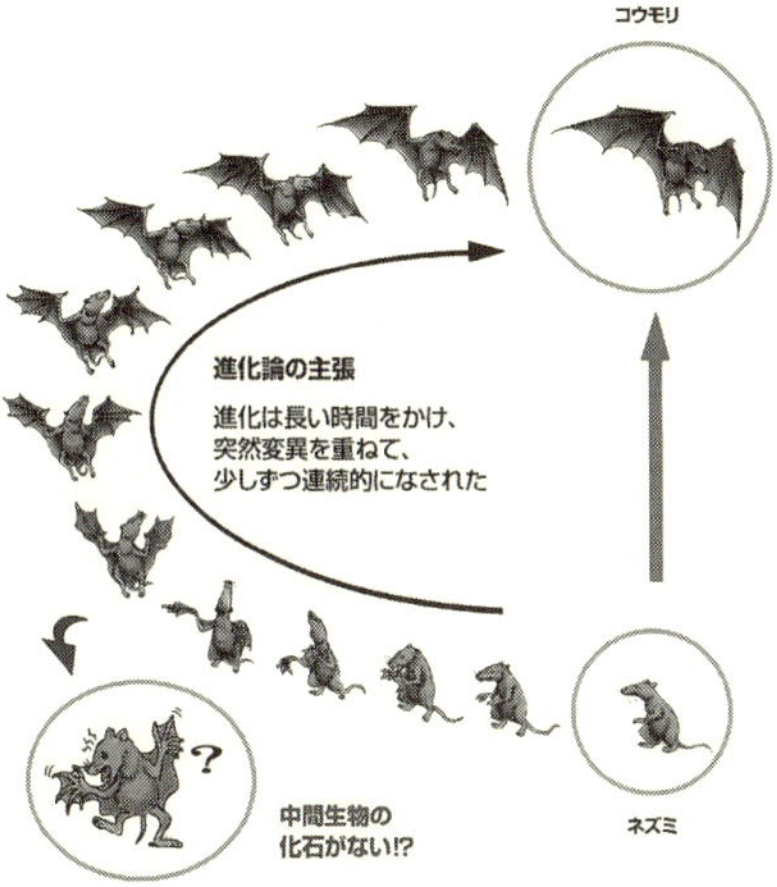
コウモリ
進化論の主張
進化は長い時間をかけ、
突然変異を重ねて、
少しずつ連続的になされた
中間生物の
化石がない!?
ネズミ
ネズミからコウモリへ

進化論によれば、コウモリはネズミかモグラのようなものから進化したと考えられています。もし、進化論が主張するように、ネズミのようなものから徐々に進化したのなら、途中の段階では飛ぶこともできず、走ることもできずに生存競争に敗れて滅びてしまうでしょう。コウモリになるためには、羽のデザインが注入されて、さっと飛べるコウモリに飛躍しなければならないのです。

コウモリの翼がどうやってできたのか。これまで謎とされてきましたが、その一端が遺伝子レベルで解き明かされようとしています。最近の筑波大学のグループの研究によると、「コウモリの翼である飛膜の形成に遺伝子Fgf10が関係した可能性がある」と言います（「日本経済新聞」2013.1.27）。この結果も、神がネズミのようなものに、翼を形成する遺伝子を組み入れてコウモリを造られたということを理解する助けになります。

②創造の二段構造

神は初めにロゴス（言）を形成されました。それは天地創造のシナリオを描かれたということです。その際、神は人間アダム・エバの姿を思い浮かべながら、アダム・エバの姿をモデル（標本）にして、それを捨象（単純化）、変形しながら動物、植物を構想しました。その際、高級なものから低級なものへという順序で構想されました。次に天体、原子、素粒子、光という順序でシナリオが描かれたのです。つまり人間をモデルにして、下向きに構想がなされたのです。

天地創造のシナリオ（ロゴス）の形成に続いて、シナリオに従って、実際の創造がなされました。「光あれ」という言に続いて、「光があった」、すなわちビッグバンが起きたのです。や

第一段階：ロゴスの形成

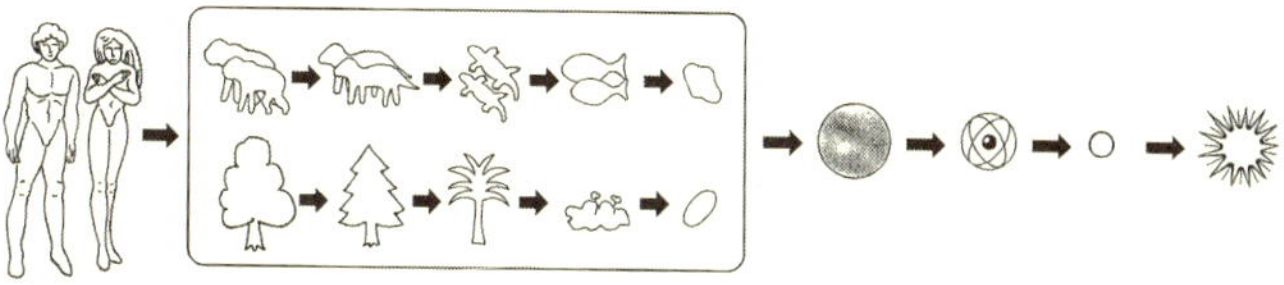

第二段階：被造世界の創造

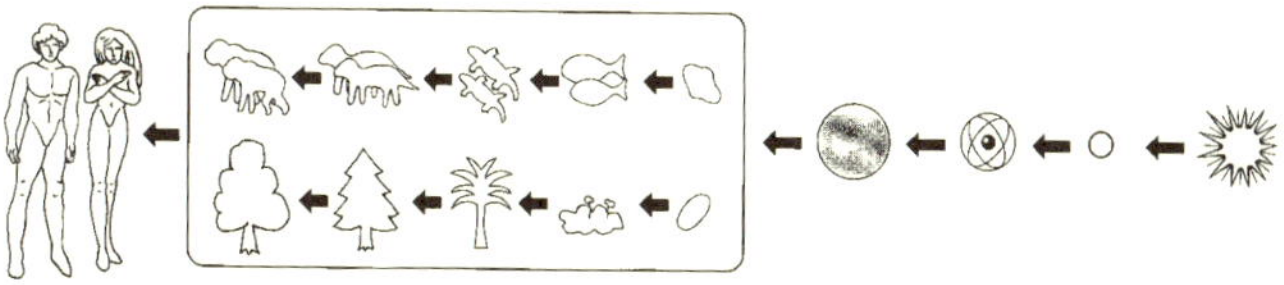

がて光（電磁波）から素粒子、原子、分子、天体が生じました。その中から水の惑星である地球が誕生し、地球上に藻類、アメーバから始めて、次第に高次の植物、動物が現れ、最後に、人間が登場したのです。初めにロゴスの形成、続いて現実の世界（被造世界）が創造されました。これを「創造の二段構造」と言います。

古代ギリシヤの哲学者アナクシマンドロスは、人間は魚類が変形して生じたと説き、プラトンは逆に、魚類や鳥類は人間退化の産物だと説きました。プラトンは人間を中心としたイデアの世界を見ていたのであり、アナクシマンドロスは現象世界を進化的に見たのです。すなわちプラトンは統一思想のいう創造の二段構造の第一段階であるロゴスの形成を見ていたのであり、アナクシマンドロスは第二段階である被造世界の創造を見ていたといえます。

このように、創造はまず神の心の中でロゴスの形成が行われ、次いでロゴスに従って現象世界の創造が行われたのです。生物界における創造の二段構造（図の枠でかこった部分）において、現象世界に現れた第二段階だけを見ると、生物は単純で低級なものから複雑で高級なものへと進化したように見えます。すなわち植物界においては、藻類↓コケ植物↓シダ植物↓裸子植物↓被子植物へと進化したように見え、動物界においてはアメーバ↓無脊椎動物↓魚類↓両生類↓爬虫類↓哺乳類↓類人猿へと進化したように見えます。しかしそれは進化ではなく、ロゴスに従って計画的になされた創造なのです。

ところでロゴスの形成において、捨象のプロセスだけでなく、もう一つの変形というプロセスがありました。人間の表象を捨象して動物の表象を描いたというときの動物の表象は抽象的なものでした。次に抽象的な動物の表象を変形して、様々の個別的な動物の表象を描かれたのです。例えば哺乳類において、鼻の長いもの（ゾウ）、首の長いもの（キリン）、毛の多いもの（羊）、力の強いもの（ライオン）などが考えられました。植物の場合も、同様に、抽象的な植物の表象を変形して、例えば被子植物において、花を強調したり（バラ）、果実を強調したり（リンゴ）、木を強調したもの（杉）などを構想するということです。

天体においても、抽象的な天体の表象を変形して、水の惑星（地球）、地球を小天体の衝突か

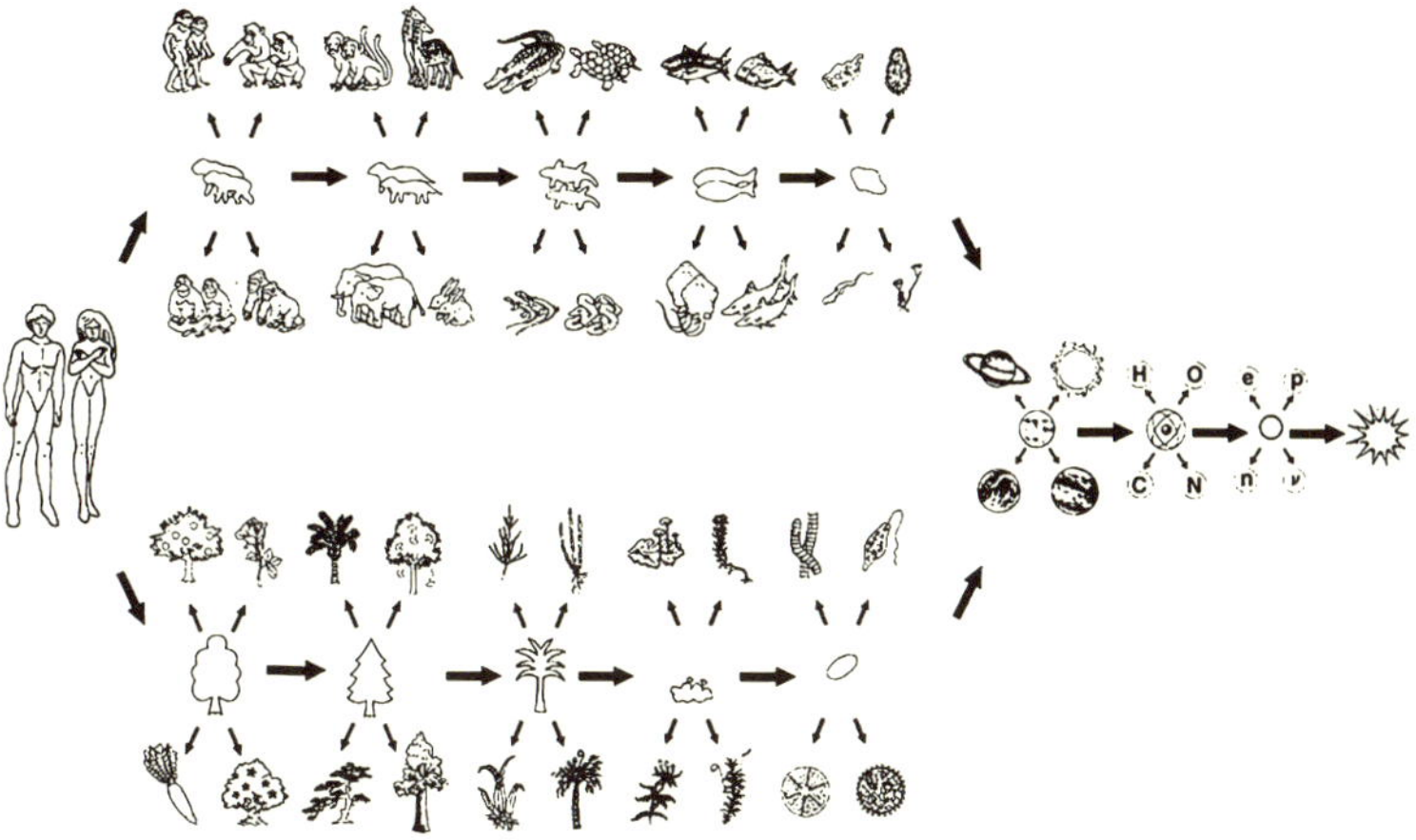

ロゴスの形成における捨象と変形

ら守る惑星（木星）、輪のある惑星（土星）、光と熱を発する星（太陽）などが考えられたのです。さらに抽象的な原子の表象を変形しながら水素原子、酸素原子、炭素原子、窒素原子などが考えられたのであり、抽象的な素粒子の表象を変形しながら電子、陽子、中性子、ニュートリノなどが考えられたのです。以上のようなロゴスの形成における捨象と変形のプロセスを上の図に示します。

十八世紀末から十九世紀初めのフランスの博物学者、ジョフロア・サン・ティレール（Geoffroy Saint-Hilaire,1772-1844）は、全ての動物は一つのタイプから導かれると考えました。つまり一つの典型的なパターンあるいは「原型」があり、それを変形していくことにより、全ての生物を導くことができるというのです。ジョフロアは一種の神の秩序のようなものを信じていました。また同時代のゲーテ（Goethe,1749-1832）もやはり「原植物」とか「原動物」なるものを考えて、原植物から全ての植物が導かれ、原動物から全ての動物が導かれると考えていました。

ジョフロアやゲーテの見解は「統一思想」における「ロゴスの形成における捨象と変形のプロセス」から見て肯定されるものです。ただし統一思想においては、原植物にも、原被子植物、原裸子植物、原シダ植物、原コケ植物、原細胞というように段階があり、原動物にも、原類人猿、原哺乳類、原爬虫類、原両生類、原魚類、原無脊椎動物、原細胞という段階があると見るのです。

創造の二段階構造に関して、文師は次のように述べています。

• 神は宇宙創造に先立って、み言（ことば）を構想された宇宙が創造される前に、まず神様がおられました。**神様がおられ、み言を構想されました。**そのみ言というのは、具体的な実体をつくりだす内容をもったみ言です。その実体をつくりだして、それっきり神様と関係のない位置に置こうされたのではなく、神様とその実体が永遠に一つになるようにされたのです。（文鮮明『二世の道』30）

・神は被造世界を、人間をモデルにして構想し、人間を目標として造られた人間が生命をもって生まれる時は、宇宙のすべての生命をもって生まれたような、相対的な原因をもって生まれたということを、我々はここで語ることができるのです。**人間をモデルにして、低級微生物から高級動物まですべて造ってきたのです。**ですから、進化というのは結果的打診にすぎません。ですから、**出発から一つの目的体である人間を目標として、この宇宙が生成され現れた**ということを、我々はうかがうことができるのです。微生物からすべての生物、高等動物まで、生成されるところには一つの原則的な過程が連結されています。

（文鮮明『神様の摂理から見た南北統一』586-88）

・神はロゴスに従って、小さなものから大きなものへと発展させてきた皆さん、聖書を見ると、天地創造をしたことが簡単に述べられています。み言で天地万物を創造した、とあります。「おい、何々！」と呼んだら「はい」と言って出てきたというのです。「星よあれ」と言ったら星が出てきて、「地球よあれ」と言ったら地球が出てきたとなっているのです。しかし、**ここには無限の秩序と法則〈ロゴス〉に従って、前進的な原則を継承し、小さなものから大きなものへと発展させてきた**のだということを私たちは知らなければならないのです。そうしてこのすべての万物をつくっておいて、万物の精髄として集約したものが、いわゆる聖書のアダムとエバ、人類の祖先です。（文鮮明『二世の道』32）

・神はロゴスに従って、力（エネルギー）を投入しながら、被造世界を造られたキリスト教の信徒たちは、神様を全能なる方であると信じていますが、では、「やあ、白頭山よ、出てきなさい」と言った時、「はい」と言って白頭山が出てくるでしょうか？それが出てくるためには、その構成要素に必要な力がなければなりません。消耗力を加重し**構想力が前進する（ロゴスが形成される）にしたがって、力の配列を通じて、その構想力に一致する消耗的な力（エネルギー）が投入されるところから、相対的被造世界が形成されるのです。**（文鮮明『善悪の分岐点で・再臨メシヤの再現と成約時代』33）

ここでロゴスの形成における、表象の捨象の意味を理解するための参考として、『新版・統一思想要綱』の図と説明を引用します。

すべての被造物は、何よりもまず原相に似た属性として性相と形状の二側面をもっている。性相は機能、性質などの見えない無形的な側面であり、形状は質料、構造、形態などの有形的な側面である。

まず鉱物においては、性相は物理化学的作用性であり、形状は原子や分子によって構成された物質の構造、形態などである。

植物には、植物特有の性相と形状がある。植物の性相は生命であり、形状は細胞および細胞によって構成される組織、構造、すなわち植物の形態である。生命は形態の中に潜在する意識であり、目的性と方向性をもっている。そして生命の機能は、植物の形態を制御しつつ成長させていく能力、すなわち自律性である。植物はこのような植物特有の性相と形状をもちながら、同時に鉱物次元の性相的要素と形状的要素をも含んでいる。つまり植物は、鉱物質をその中に含んでいるのである。

動物においては、植物よりもさらに次元の高い動物に特有な性相と形状がある。動物の性相とは本能をいう。そして動物の形状とは、感覚器官や神経を含む構造や形態などである。動物もやはり鉱物質をもっているのであって、鉱物次元の性相と形状を含んでいる。さらに植物次元の性相と形状をも含んでいる。動物の細胞や組織は、みなこの植物次元で作用しているのである。

人間は、霊人体と肉身からなる二重的存在である。したがって人間は、動物よりもさらに次元の高い、特有の性相と形状をもっている。人間に特有な性相とは、霊人体の心である生心であり、特有な形状とは霊人体の体である霊体である。そして人間の肉身においては、性相は肉心であり形状は肉体である。

人間の肉体の中には鉱物質が含まれている。したがって人間は、鉱物次元の性相と形状をもっている。また人間は、細胞や組織からできており、植物次元の性相と形状をもっている。また動物と同じように、人間は感覚器官や神経を含んだ構造と形態をもっており、動物次元の性相と形状をもっているのである。人間の中にある動物次元の性相、すなわち本能的な心を肉心という。こうして人間の心は本能としての肉心と、霊人体の心である生心から構成されているのである。ここで肉心の機能は衣食住や性の生活を追求し、生心の機能は真善美と愛の価値を追求する。生心と肉心が合性一体化したものが、まさに人間の本然の心（本心）である。

ここで人間の霊人体について説明する。肉身は万物と同じ要素からできており、一定の期間中にだけ生存する。一方、霊人体は肉身と変わりない姿をしているが、肉眼では見ることのできない霊的要素からできていて、永遠に生存する。肉身が死ぬとき、あたかも古くなった衣服を脱ぎ捨てるように、霊人体は肉身を脱ぎ捨てて、霊界において永遠に生きるのである。霊人体も性相と形状の二性性相になっているが、霊人体の性相が生心であり、形状が霊体である。霊人体の感性は肉身生活の中で、肉身との相対関係において発達する。

すなわち霊人体の感性は肉身を土台として成長する。したがって人間が地上で神の愛を

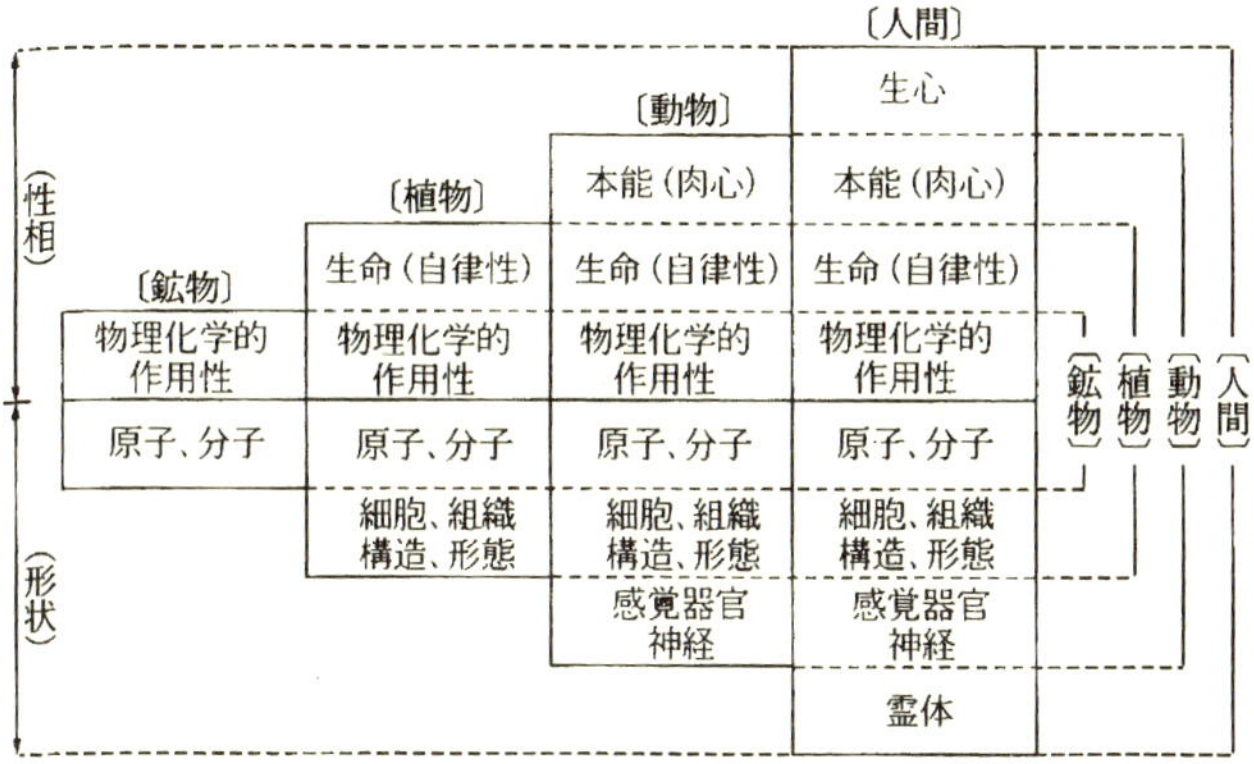
〔人間〕
生心
〔動物〕
本能（肉心）
本能（肉心）
〔植物〕
生命（自律性）
生命（自律性）
生命（自律性）
〔鉱物〕
物理化学的作用性
物理化学的作用性
物理化学的作用性
物理化学的作用性
原子、分子
原子、分子
原子、分子
原子、分子
細胞、組織構造、形態
細胞、組織構造、形態
細胞、組織構造、形態
感覚器官神経
感覚器官神経
霊体
（性相）
（形状）
〔鉱物〕
〔植物〕
〔動物〕
〔人間〕

存在者の性相・形状の階層的構造

実践して他界すれば、霊人体は充満した愛の中で永遠に喜びの生活を営むようになる。逆に地上で悪なる生活を営むならば、死後、悪なる霊界にとどまるようになり、苦しみの生活を送るようになるのである。

　人間は鉱物、植物、動物の性相と形状をみなもっている。そしてその上に、さらに次元の高い性相と形状、すなわち霊人体の性相と形状をもっている。そのように人間は万物の要素をみな総合的にもっているために、人間は万物の総合実体相または小宇宙であるという。以上説明したことにより、鉱物、植物、動物、人間と存在者の格位が高まるにつれて、性相と形状の内容が階層的に増大していくことが分かる。これを「存在者における性相と形状の階層的構造」といい、図で表せば上のようになる。

　ここで留意すべきことは、神の宇宙創造において、鉱物、植物、動物、人間の順序で創造するとき、新しい次元の特有な性相と形状を前段階の被造物に加えながら創造を継続し、最後に最高の次元の人間の性相と形状を造ったのではないということである。神は創造に際して、心の中にまず性相と形状の統一体である人間を構想された。その人間の性相と形状から、**次々に一定の要素を捨象し、次元を低めながら、動物、植物、鉱物を構想されたのである。**しかし時間と空間内における実際の創造は、その逆の方向に、鉱物から始まって、植物、動物、人間の順序で行われたのである。これを結果的に見るとき、人間の性相と形状は、鉱物、植物、動物のそれぞれ特有な性相と形状が積み重なってできたように見えるのである。（『新版・統一思想要綱』164-67）

③ 神は魔法でなく科学的に創造された

神は魔法使いのような方ではなく、最高の科学者であり、宇宙の創造も設計図（シナリオ）を作り、それに従って、時間とエネルギーを投入しながら、科学的に創造されたのです。

- 神は魔法で造るような愛の対象を願わない

今日のクリスチャンたちが信じているように、み言で魔法の杖のように、最近のアメリカの子供が見る童話や映画でやるように、**呪文を唱えて「出ろ」と言えばパッと出るようなそ**

んな愛の対象を神様は願いません。（文鮮明『二世への道』47）

・神は最高の科学者

神様はこのように科学的方法で創造されました。実際、神様は最高の科学者です。水にしてもそうです。水が凍り始めるとその体積が増します。固い殻に守られている松の種もそうです。殻もある程度の水分を含んでいますが、それが冷たくなり凍り始めます。それを数回繰り返してついには割れてしまうまで、それは体積を増します。（文鮮明『御旨と海』39-40）

④外的には進化過程形態と似ている

創造は、（i）ロゴス（シナリオ、デザイン）の形成、（ii）被造世界（現実世界）の創造という二段階でなされました。被造世界（現実世界）の創造だけを見れば、進化したように見えます。したがって結果的に見て、進化論が言っているような順序で、生物は現れてきたのです。

・神の創造は、外的には進化過程形態と似ている

アメーバから始めて、次第に高次元のものへと創造していく過程は、外的には進化過程形態とよく似ているのです。しかし内的には合わないのです。内的には全く違っているので、

万物自体においては、その内的なものを発展的に連結させることはできないのです。それは神によってのみ連結させることができるのです。（文鮮明『ファミリー』1982.6.20）

• 被造世界は、進化論が当てはまっているような具合に発展しているある意味ではダーウィンの言う進化論が当てはまっているような、そういう具合に進化し発展しています。しかし進化論というのは、そのままが真実なのではありません。より小さな段階からより価値のある段階へと発展しているのが、進化の本当の意味なのです。（文鮮明『御旨と世界』991）

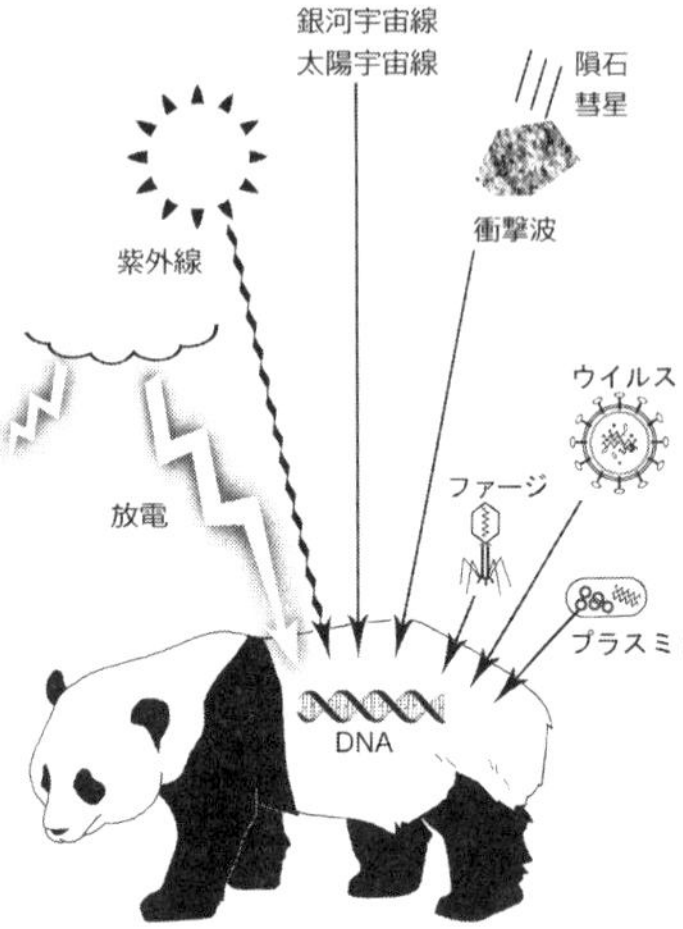

爆発的、無秩序な作用による進化

• 進化論は結果的打診にすぎない
〔神は〕人間一つをモデルにして、低級微生物から高級動物まですべて造ってきたのです。ですから、進化というのは結果的打診にすぎません。（文鮮明『神様の摂理から見た南北統一』586）

⑤ ロゴスを認めない進化論

しかしながら進化論は、第一段階のロゴス（シナリオ、デザイン）による創造を認めません。そしてその代わりに持ってくるのが、前頁の図に示した、稲妻、隕石、紫外線、宇宙線、ウイルスなどの作用です。しかし、それらは爆発的な、無秩序な作用であって、それによりDNAは、破壊され、劣化することこそあれ、向上することはあり得ないのです。

ハロルド・サクストン・バー

神のロゴス、すなわち設計図（デザイン）が生物に作用していることを認める科学者たちもいます。元米国イェール大学医学部教授のハロルド・サクストン・バー（Harold Saxton Burr）は「永遠の青写真の設計を持つライフ・フィールド（生命場）」の存在を提唱しました。「永遠の青写真の設計」とは、「ゼリーの鋳型」すなわち「見えざる生命の鋳型」であり、それはまさに被造物の設計図にほかなりません。

全ての生物がその輪郭に沿って成長する不可視の電気力

場、ライフ・フィールド。菌類、植物、動物を問わず、生命を持つものはみな、**この永遠の青写真の設計**のもとに生まれ、形づくられてゆく。そして常に、宇宙のかなたから発信されるさまざまなメッセージを受信し、その影響の波動はたちまちのうちに全地球をおおう。（『生命場の科学』表紙の説明文）

大自然のふところには、ほぼ無限といってよいほど多様な**「ゼリーの鋳型」**が眠っている。**地球上の無数の生命形態は、それらの「鋳型」から生み出されてきたのである。**これまでライフ・フィールドが観察された例は、人間の男女はむろんのこと、多種多様な動物たち、樹木、卵、種子、さらに、下等な変形菌にまで及んでいる。（『生命場の科学』12）

あらゆる生命をつくり、
操っているのはだれか

恒星の内部でおきている「核融合反応」の解明に貢献したイギリスの天文学者、フレッド・ホイル（Fred Hoyle）はチャンドラ・ウィックラマシンジ（Chandra Wickramasinghe）との共著『生命は宇宙から来た』の中で、次のように述べています。

ある惑星上に誕生した単純な生命が、もっと複雑な生命体になりうるためには、プログラムの変更という作業が必要である。だがそれを、偶然だけにまかせておくわけにはいかない。そのようなダーウィン流のやり方ではほとんど望みなく、たぶん何も起こりはしないだろう。……**プログラム変更を指示する遺伝子といっしょに、追加補充のための新しい遺伝子を、宇宙から降らせてやればいいのである**（『生命は宇宙から来た』199-202）。

これは正に、宇宙的な力が及んで核（DNA）を変化させることを意味しています。そして生命体を背後から操っている存在を示唆しています。

さらにイギリスの生物学者のルパート・シェルドレイク（Rupert Sheldrake）は形態形成場、すなわちモルフォジェネティク・フィールド（Morphogenetic Field）の仮説を提示しています。生物の形態を形成する場が生物の背後に作用しているという主張です。

⑥ なぜ逆の進化はないのか

人の住んでいない家は荒れ放題で次第に壊れていきます。自然界もそのままでは次第に劣化していくはずです。ところが進化論では、自然界の無秩序な力によって、次第に高次なものに進化していくと主張しています。なぜより低次の方向に向かうと言わないのでしょうか。

・高次元に向かって発展できる方向を誰が定めたのか

進化するならば、なぜ逆には進化しないのですか。逆に行くこともできるのではないかというのです。東にも行くことができ、西にも行くことができるのではないですか。進化することのできる方向を誰が定めてくれましたか。自己が成長しながら方向を定めますか。アメーバから、これが発展して人になる時まで数多い高次元段階を経て行きますが、**高次元に向かって発展できるその方向を誰が定めてくれたのかというのです。**なぜ、そのように高次元に向かうのかというのです。

女子は女子としてこうでなくてはならないという方向性、男子は男子として絶対こうでなくてはならないという方向性を誰が決定しましたか。それを、女子が決定し、男子が決定しますか。我々の祖先たちが決めたのですか。彼らが決定したのではありません。この宇宙が決定したのです。この宇宙の中心となる、何らかの意思があるべきです。その意思の主体を神様であると見るのです。神様が、「男子はこうでなくてはならず、女子はこうでなくてはならないのである」と、このように決定しておいたのです。（文鮮明『神様の摂理から見た南北統一』581-582）

⑦ 神と人間の責任分担

神はおひとりで、み旨を一〇〇パーセント完成されるのではなくて、人間にも責任分担を与えられたのです。人間を万物の主管主、創造主にされるためです。神が最高に美しい花を造られ、人間に改良する余地を与えなければ、どうなるでしょう。また神が最高に美味しい果実を造られ、人間に改良する余地を与えなければ、どうでしょう。人間は、ただ見るだけ、食べるだけになります。そうすると人間は創造主、主管主にはなれないのです。ですから神は、おひとりで、み旨を一〇〇パーセント完成するよりは、神と人間で責任分担を分け持って完成するようにされたのです。文師は、人間の責任分担を三パーセントあるいは五パーセントと表現されています。

- 神は人間を創造主にせしめるために、人間に責任分担を与えた

神様は、九七パーセントに三パーセントを加えて、一〇〇パーセントを考えたのです。九

七パーセントは神様がすべて創られ、三パーセンの重要な部分だけは、「あなたが行った」**と言うことができるように、三数に該当するものを残したのです。**（文鮮明『ファミリー』2005.7.18）

・神は三パーセントを心配しながら、九七パーセントを創られた

［人間は］なぜ生まれたのでしょうか？　神様の創造の偉業に加担させ、創造性を賦与するために、本来、神様は創り始められたのです！　九七パーセントを創っておいて、その次に三パーセントを付け加えるというのではありません。**九七パーセントを始めるとき、すでに三パーセントを心配しながら、創ってきたその主人がいたので、**九七パーセントの根の主人もそのかたがならなければならず、三パーセントの主人もそのかたがならなければならないのです！（文鮮明『ファミリー』2005.7.21-22）

・神は創造の偉業に加担させるために、人間に責任分担を与えた

なぜ責任分担を与えたのでしょうか。それは、人間に無限で高貴な価値を賦与するためであり、神様の創造の偉業に加担させるために与えたのです。もし人間に責任分担を賦与していなければ、人間は神様の愛に相対できる対象の位置に立つことができません。神様が一〇

〇パーセントつくってあげてはいけないのです。九五パーセントは神様がつくり、五パーセントは人間自身が責任をもつのです。そうしてこそ、一〇〇パーセントを満たすにおいて、協力者として同等の位置に立つことができるのです。そうすることによって、絶対的な主体である神様の前に、堂々と相対的な資格を備えた位置で愛を授け受けできるのです。このようにして愛の理想を形成することができます。責任分担がなければ、私たち自体では、神様の愛の理想を対等な位置で受けるにふさわしい威信を立てることができません。ですから、**神様は、人間に神様の愛を受けることができる威信を立ててあげるために責任分担を設定されたのです。**（文鮮明『ベーリング海峡プロジェクトと平和理想世界王国』39-40）

デンドロビューム　ノビル「ハツエ」大塚初枝
（読売、2012.2.20）

神が野生の「らん」を造ってくださった。それを人間が改良し、様々の見事な「らん」の花をつくりあげました。それによって、「らん」の花を育てた人は、その「らん」の花の創造者とみなされます。

日本では毎年、世界らん展が開かれ、最高の「らん」に日本大賞が与えられ、作者の名前も残ります。しかし神様が野生の「らん」を造ってくださったから、見事な「らん」もできたのです。つまり神と人間の合作なのです。神の創造力に比べると人間の創造力は微々たるものですが、それでもって神は人間を創造主、主管主、万物の霊長にしようとなされたのです。二〇一二年の世界らん展では、前頁に示した大塚初枝の作品が日本大賞となりました。

美味しいぶどうも神と人間の合作です。神が野生のぶどうを作ってくださり、人間はそれを改良して、日本では「巨峰」という大粒の甘いぶどうができました。さらに、「巨峰」より大粒の、甘くて赤いぶどう「ルビーロマン」も作られました。これも神が野生のぶどうを作ってくださったから可能になったのです。

ルビーロマン

- 実った大粒の「夢」

一粒の大きさが「巨峰」の二倍ほどもある赤いブドウ「ルビーロマン」が、石川県で初出荷された。開発に着手してから十四年。関係者は「夢づくりだと思って始めたことが多くの人の努力で実った。感謝の気持ちでいっぱい」と喜びを味わっている。ルビーロマンは石川県砂丘地農業試験場が開発した。糖度が高く、果汁も多い。二〇〇七年に品種登録され、県が戦略作物として生産拡大に努めている。（「世界日報」2008.8.24）

平成二十六年には、最高のものが一房、五十五万円（一粒、一万八千円）で競り落とされたという報道がありました（2014.7.5、NHKニュース）。開発費がかかっているためか、驚くほど高価です。

まとめ

創造には、初めに設計図やデザインを伴った構想がなくてはなりません。したがって「統一思想」では、神の創造において、第一段階のロゴス（構想）の形成があり、第二段階の被造世界の創造があったと主張します。しかし神の創造を否定する進化論は、第一段階のロゴスの形成を認めません。その代わりに持ってくるのが、熱水、稲妻、隕石の落下による衝撃波、紫外線、宇宙線、ウイルスなどの作用です。しかしそのような爆発的、偶然的な力では生物のＤＮＡは破壊もしくは劣化されるだけです。今日、科学者たちも、生物を形成しているパターン、ライフ・フィールド、モルフォジェネティック・フィールドなどを認めるようになってきています。それは正に設計図またはデザインが作用していることを認めるものです。

(9) 生命の進化ではなくて愛の前進

進化論では、生存競争により強者が弱者を滅ぼしていくというようにして、生物は進化したと言います。しかしそうではありません。力の強いものが生き残っていくという進化ではなくて、愛が次第に高まっていくという愛の前進的創造なのです。

① 雄と雌は進化によって生じたのか

生物は長い間、無性生殖で繁殖していましたが、いつしか雄と雌の有性生殖になりました。そして人間も男と女になりました。なぜ、そうなったのでしょうか。生物学者たちは、なぜ無性生殖から有性生殖になったのか、いろいろ議論がなされていますが、明確な理由は不明です。サイエンスライターの西村尚子は次のように述べています。

・性の起源のミステリー

なぜこの世に男と女が存在しているのか――。これが「性をめぐる第一のミステリー」だ。「性の起源は人々を悩ませてきた大問題で、それが創世神話を生み出す一因となった」と、米マサチューセッツ大学のマーグリス（Lynn Margulis）は著書『性の起源』の中で指摘している。（『日経サイエンス』2003.1,94-96）

文師は進化によって雄と雌、男と女が生まれることはあり得ないと語っています。

• 進化によって男と女が生まれることはできない

進化が男性と女性を創造することができるでしょうか。雄と雌をつくることができるでしょうか。答えは「ノー」です。（文鮮明『ファミリー』1992.4,38）

• 進化が雄雌をつくり出したのではない

進化ゆえに、人々がすべて男性と女性として生まれ出たのですか？　鳥も雄鳥・雌鳥が生まれ出たのですか？　植物でいうなら、雄しべ・雌しべが生じたのですか？　鉱物の分子ならば、陽イオン・陰イオン、電気ならば、陽電気・陰電気が運動します。これは進化のゆえに生まれたのでしょうか？　進化論者は、相対的理念があったということを知らなければなりません。雄雌という概念は進化がつくり出したのではありません。（文鮮明『ファミリー』1994.9,23）

・雌雄は自然に生まれない

すべての存在物は、すべてペアシステムになっています。進化論者に、「雄雌がなぜ生まれましたか」と尋ねれば、何というのですか。「自然に生まれたのでしょう」と言うのですが、それはとんでもないことです。（文鮮明『宇宙の根本』135）

②　愛の概念、雄と雌の概念が先にあった

初めに雄と雌の概念があって雄と雌が生まれたのでしょうか。あるいは生物が進化して雄と雌が生まれたのでしょうか。雄と雌の概念が先にあったのです。

・雄、雌の概念が宇宙を形成した

進化がある前に、そのような雄、雌の思想があったということを知らなければなりません。宇宙の神秘な秘密の中に隠された秘密、そのような秘密であり、**今まで人間が知らずにいたのが雄、雌の概念であり、この概念が宇宙を形成したという、主体・対象関係で宇宙を形成したということを知らなければなりません。**（文鮮明『宇宙の根本』151）

・進化の前にオス・メスの観念があった

オシベ・メシベはいつから始まったの？　オシベ・メシベは進化の法則の前にあったの、進化の法則の後にあったの？（前です）。……だから**男女関係、オス・メスの観念というのは、宇宙の本源である。神様が存在して創造の前にちゃんとその観念があった**ので、その観念に合うように成し得たものが、プラス性格とマイナス性格、オス・メス、男女関係の世界だというのです。（文鮮明『ファミリー』1992.7,66）

さらに雄と雌は愛のためにあるので、愛の概念があって、雄雌の概念が生じたのです。

・愛のコンセプトがあって実体が生まれた

愛という内容を中心として実体が生まれたのです。愛ゆえに生まれました。男性と女性、雄と雌が一つになるのは愛のためです。**進化というものはあり得ないというのです。進化する前に愛のコンセプトがあって実体が生まれたので、進化という言葉は、男性と女性、雄と雌にはふさわしくないというのです。愛ゆえに生まれました。**（文鮮明『宇宙の根本』156）

・男性と女性がいる前に、愛という概念が先にあった男性と女性という概念が先ですか、愛が先ですか。**男性と女性がいる前に、愛という概念が先にありました。**愛が先にあったので、男性と女性もそこに準備してその愛の概念に一致するようになっているというのです。それゆえに、概念と実在は分かれるものではありません。（文鮮明『宇宙の根本』158）

結局、神は愛の観念で宇宙を造られたのです。

宇宙で最も神秘的なものは何でしょうか。創造するとき、神様が最初に抱いた観念は何でしょうか。それは愛です。愛という観念をもって宇宙を造ったので、すべての存在は愛を中心として相対的な基準をもたなければならないのです。（文鮮明『天聖経』623）

③　ペアシステムの創造

神は、ご自身の陽性と陰性の二性性相を、被造世界に陽性実体と陰性実体のペアシステムとして展開されました。

・雄と雌、誰が設定したか

アメーバからこのように生まれたとするならば、**どのようにしてこのような雄と雌、凸凹が生じたのですか。**なぜそれを通して授け受けして初めて子供が繁殖するようになっているのですか。**それは誰が設定しましたか。**（文鮮明『宇宙の根本』132）

・男女が存在するということは奇蹟中の奇蹟

エデンの園で男性の前に女性を創造しなかったならば、どうだったでしょうか。女性がいるという事実は、宇宙的な奇跡です。真理です。**奇跡中の奇跡は、男女が存在するということです。**片方だけ存在しても、人類は終わりです。（文鮮明『祝福家庭と理想天国Ⅰ』748）

・男女が生じたのは最大の神秘

今日、この存在世界の中で最大の神秘があるとすれば、それは、ほかならぬ男と女が生じたという事実です。また、動物においては雄と雌が生じたという事実です。さらに、植物世界においてもやはりオシベとメシベがあり、鉱物世界においてもプラスイオンとマイナスイオンがあり、このようにすべてがペアシステムでもってできているのです。男と女、雄と雌、この比率が神秘中の神秘なのです。（文鮮明『ファミリー』1991.11,4-5）

④ 雄雌の愛の過程を通じて、種は繁殖し、存続する

生物は雄だけでは存続できず、雌だけでも存続できません。雄と雌の愛の過程を通じて繁殖し、存続するのです。

・生殖のために、すべてペアシステムになっている

アメーバであれ、猿であれ生殖していくためにはすべてペアシステムになっていなければならないのです。また、鉱物世界もプラスとマイナスになっており、分子もプラスの分子とマイナスの分子から構成されています。すべてプラス、マイナスの対でなければなりません。さらに植物もすべて雄しべ、雌しべからなっており、動物や人間も雄、雌、男性、女性の対になっています。（文鮮明『ファミリー』1994.4,23-24）

・愛を中心として作用することによって、永続する

鉱物界は分子を中心として見れば、プラスイオンとマイナスイオンから成り立っている。原子の世界を見れば、陽電気・陰電気というように相対的になっている。それなりの級は低いけれども、愛を中心として作用するためであるということが分かりましたか？（「はい。」）**植物も動物も、雄しべ・雌しべ、あるいは雄・雌というように分かれているのも、それなり**

の愛を中心として作用することによって、永続するためである。（文鮮明『祝福』一九九二秋季号、35-36）

⑤ ペアシステムは愛のため

神は陽性と陰性の二性性相の中和的主体です。そのような神の二性性相を分立して、陽イオンと陰イオン、雄しべと雌しべ、雄と雌、男と女のペアシステムの世界が創造されました。それは被造世界に愛を展開するためでありました。鉱物は象徴的に愛を表し、植物は静的に愛を表し、動物は本能的に愛を表し、人間は高次元的に愛を表すのです。

この世の中のすべての存在がペアシステムになっているのです。それは愛のためであり、何の愛かというと、神様が喜ぶことのできる本然の愛、真の愛のゆえなのです。（文鮮明『ファミリー』1993.12.21）

神様が被造世界に与えられた最高のプレゼントは何かというと、愛を最大のプレゼントとして下さったのです。ですから、**その愛を受けることのできるように、男性と女性、雄と雌、プラスとマイナスが生じたのです。**（文鮮明『ファミリー』1991.8.16）

地上世界はすべてペアシステムになっています。男性と女性、オシベとメシベ、陽イオンと陰イオン、陽子と電子、すべて主体と対象になっています。これを中心として、なぜプラスとマイナスかといえば、愛のゆえなのです。愛のために天宙が創造されたのです。愛を中心として一つに結んでいくのです。

今、進化論が問題になっています、進化が先でしょうか、愛の干渉が先でしょうか。**神様は天地創造において愛という干渉をもって男性と女性、雄と雌をつくったのです。ペアシステムは、愛のためなのです。**雄と雌が生まれたのは進化によるものではありません。（文鮮明『ファミリー』1992.4,37-38）

鉱物界の作用も愛の創造理想のモデルであって、愛を中心として運動しているのです。

それで、この万物の世界を見れば、鉱物の世界の分子を見れば、プラスイオンとマイナスイオンだね。原子を見れば陽子と電子の相対関係になっている。それは何を中心としてかというと、**愛を中心として運動している**ということを、今まで分からなかったね。（文鮮明『ファミリー』1992.7,65）

次元は低いのですが、このように**鉱物界の作用も愛の創造理想のモデルになるようにつくられました。**それ故、真の愛の本質を中心とするときに、神様の心情と、人間の心情と、すべての万物、動物界までも、互いに通じるようになっています。（韓鶴子「理想世界の主役となる女性」『平和経』917）

地震と並んで恐れられている雷も自然の結婚式だというのです。

稲妻は数億ボルトのプラス電気とマイナス電気が一つになって雷が落ちる姿です。それが自然の結婚式です。数億ボルトのプラス電気でも一つではだめなのです。そこにマイナスが合わさらなければなりません。そして大きくなって出てくるのです。（文鮮明『ファミリー』1990.11.10）

雷は稲妻が「ピカピカ」と光った直後に「ゴロゴロ、ドスン」という大音響がとどろきますが、真の愛も回り道を好みません。一直線を走るのです。真の愛とは結晶のように、透き通って、美しいものです。そして喜びは真の愛から生まれるのです。愛し合えば、個人、家庭、氏族、民族、国家、世界、天宙が和動し、天地から愛の歌が聞こえてくるのです。（文鮮明『ファミリー』1992.1,40）

花も、雄しべと雌しべは愛をささやいています。

花の世界においても、その花のおしべとめしべを中心とした愛をささやくのです……すべてが愛のゆえに花を咲かせるのです。（文鮮明『ファミリー』1992.10,16）

ペアシステムは愛のためであり、被造世界は愛の園になるように創造されましたが、その愛の中心になるのが男女の愛です。すなわちアダムとエバは、愛を完成して、愛の主人公になるように造られたのです。

・男と女は愛の完成のために創造された

人間が男、女に分かれたのは、愛の完成のためです。見えない構想があって、こういうようになるのが愛であり、男、女が一つになっているのが愛です。（文鮮明『訪韓修練会御言集』162）

・男女は、陰陽の調和で愛を完成させるために、創造された

皆さんには愛する夫、あるいは愛する妻がいると思います。互いに愛し合っていますか。相手を自分の片目や片手や片脚のように愛していますか。明らかにされたことは、男性は女性のために、女性は男性のために生まれてきたということです。それは、他のために生きようとする真の愛のゆえです。**男女は、陰陽の調和で愛を完成させるために、神がそのように創造されたのです。**（文鮮明『文鮮明師と新ソ連革命』49）

・神とアダム・エバが愛の一体圏を成せば、天地が共に踊る

男と女が同じ連体を成し得た相対圏を持つというのは、一体何のためか。愛が中心となって動く場合には、その周辺には、拍手をしたり、踊ったり、拍子を取ったり、こう跳ね上がったりする。そういうふうにすることが必要。完成したアダム・エバと神が、**愛の一体圏を成すことによって、天地共に踊ることができる。**（文鮮明『祝福』一九九二秋季号、36）

⑥ 種の区分は厳格

桜の木は毎年桜の花を咲かせます。桜の木が別の花を咲かせた例は、歴史上一度もありませ

ん。種は不変であり、別の種に進化することはあり得ないのです。また姿がよく似ていても、異なる種の雄と雌が交わることはできません。

植物の花を見れば、……**他の種には変わりません。それを見れば種の区別が厳格だというのです。**それゆえに、アメーバから猿に進化したという進化論の論理は、形成することができないというのです。（文鮮明『宇宙の根本』129）

すべての鳥の種類は、形態が似ているとしても、種は区別されます。**すずめとほおじろが夫婦になって子供を産むことができますか。できません。**アメーバから人までは何千段階の種の区別があるのですが、これを無視して一度にさっと人が出てくることができますか。アメーバから人になるまでは、何千段階を越えて連結されなければならないのに、自分勝手に連結することはできません。とんでもないことです。種の区分は絶対的です。（文鮮明『天聖経』635-36）

雀とタルマエナガ（シジュウカラ科の鳥）はよく似ています。羽の色が少し違うだけです。それらの骨を持ってきて見れば、完全に同じです。かといって**雀とタルマエナガとを一つに**

しておいて子供が生まれるでしょうか。生まれません。……種の区別は厳格です。（文鮮明『文鮮明師と新ソ連革命』49-50）

⑦**愛に進化はない**

人間において愛の形態は不変です。動物においても、個々の種において愛の形態は不変です。

・親が子を愛する心（父母の愛）には発展も変遷もない

親が子を愛する心、ここに発展があって変遷があり得るでしょうか。これを革命できるでしょうか。ここには、発展や変遷や革命はあり得ません。それは動物世界でも同じです。命が直系として連結される所は、そこだけです。母親が子供に、自分の血と肉を分け与えながらも、喜ぶ所がそこです。したがって、その場が宇宙の中心なのです。（文鮮明『訓教経・上』852）

・古代の祖先たちと今の我々と、男女が愛する方法に違いはない

男女が愛する場合において、古代の祖先たちと今の我々と、**愛する方向とか作用とか目的が違うでしょうか。**（同じです）。そこには、なぜ突然変異が起こらないのかというのです。（文

鮮明『神様の摂理から見た南北統一』589)

・愛に世代の差はない

愛に世代の差があるでしょうか。千年前の愛の方法と千年後の今日、皆さんの愛の方法に違いがありますか？　方法も同じだし、全部が同じなのです。(文鮮明『ファミリー』1992.8.53)

・生殖器に進化はない

男性と女性の生殖器、繁殖器官がありますそこに進化があるのですか。進化があるなら、男性と女性の愛する方法が変わらなければなりません。昔の人と今日の人とでは、それが発展していなければならないというのです。昆虫世界においても、虫が愛する方法が昔と今日とでは変わらなければなりません。鳥もすべて変わらなければならないというのです。そのような内容を中心として論ずることができるのです。生命の起源である愛の器官を中心として、その本拠地が進化的内容によって発展するようになっているのですか。(文鮮明『宇宙の根本』130-131)

⑧ 愛の門

同じ種の雄と雌は子孫をつくることはできますが、異なる種の雄と雌は子孫をつくることはできません。たとえ仔が生まれたとしても、その仔は子孫をつくることはできません。そのように異なる種の雄と雌が交わることがないようになっているのであり、これを「愛の門」があると言います。そして「愛の門」は自然には通れなくなっています。

・愛の門を勝手に上がっていくことはできない

必ず愛の門を通らなければ、上がっていくことはできません。……それを自分勝手にして、上がっていくことができるのですか？　アメーバから、そのまま上がっていくことができますか？　数千段階を、そのまま上がっていくことができますか？　……できません。（文鮮明『祝福』二〇〇一冬季号、13）

・どのようにして愛の門を通過することができるか

アメーバから人間まで発展してきたのですが、そこには数千系列があります。その系列の中では、必ずオス・メスの愛の門を通して種の繁殖をするのです。低いものは、低い所から愛という関係の門を通して、繁殖して拡張する運動をするのです。それでは、**アメーバから**

の数千系列のこの愛の門を、どのように通っていくのですか。愛の門もなく上っていったということですか。（文鮮明『祝福』一九九四夏季号、18）

新しい種が出てくるためには、愛の門を通過しなくてはならないのです。

・愛の門を通らなくては新しい種は出てこない

猿の仔が進化して人間になったのでしょうか。進化とは何ですか？　**動物が人間にまでなるには、愛の門を通さずしてはなることができないのです。愛の道を通さずしては新しい種が出てこないのです。**もし猿と人間が一つになったとしても、猿も出てこないし、人間も出てきません。ただ骨格が同じだからといって、進化発展するのではありません。（文鮮明『ファミリー』1990.12,44）

・愛の峠を通らなければ、新しい種は出てこない

アメーバから猿まで進化したとするなら、アメーバから猿までそのまま行くことができますか。数多くの異なる種を越えていくためには、どのようにしなければならないのでしょうか。**愛の峠を通らなければ越えていく道がありません。新しい大きな種が出てくることはで**

きないのです。数千、数万の雄と雌の愛の過程を通してこそ越えていくことができるのです。（文鮮明『宇宙の根本』130）

ところが進化論は愛の門を無視して、種が進化したことを主張しているのです。

・進化論は愛の門を無視している

アメーバから猿まで行こうとするなら、数千種の愛の門を通じて上がっていかなければなりません。**進化論は、数多くの種の愛の門を通過して上がっていかなければならないことを省きました。**そのように行くことができますか。種を通じなくても思いのままに上がっていくことができますか。……愛の門、愛の関係を通して大きくならなければならないという事実はすべて抜いてしまって、骨が同じだからといってそのようなことをいうとは話にもなりません。（文鮮明『宇宙の根本』126）

・愛の門を自然に通ったという進化論

今日、進化論を考える人々は、性関係を、プラスとマイナス、男性と女性、雄しべと雌しべ、プラスイオンとマイナスイオンが一つになり、その運動を通して出てきたということを忘れてしまいました。**アメーバから人まで来ようとするならば、何千段階の愛の門を通らなければなりません。ところが、これがただ自然になったと考えています。**突然変異が起きてそのようになったと考えますか。（文鮮明『宇宙の根本』141）

⑨ 生物界において、第三者の介入は許されない

雌雄の愛の形態に進化はないとすれば、愛の門を越えていくためには、第三者が必要となります。しかし生物の世界においては、雄と雌の間に第三者の介入を許さないようになっています。

進化論においては、アメーバから人間まで何千段階を経る間に、多くの愛の門を自由に通過しなければならないのですが、それは可能なことでしょうか。皆さんは愛するところに、**第三者の介入を許しますか。それは誰でも絶対に「ノー」です。**人間であれ、動物であれ、何であれ、それはできないことなのです。（文鮮明『ファミリー』1992.4,38）

すずめもそうです。冬のような時は、相対のようなのが分からないので、互いに、いたずらをしていますが、春になって巣を作り、相対圏をつくった時には絶対的です。**第三者であ**

るすずめに対しては、雄と雌が共に絶対的に排斥するのです。なぜですか。自分の相対圏を壊し、宇宙法圏の侵略者になるために、それを排斥するようになっているのです。（文鮮明『宇宙の根本』129）

春になってすずめの雄と雌がカップルとなり、これから卵を産もうと巣を作り始める時には、**第三者としてどのような鳥の種類も、どのような獣の種類も絶対に介入を許諾しないのです。**（文鮮明『宇宙の根本』131）

⑩ 第三者の介入はどこから来たのか

第三者の介入がなければ、種はより高い段階に飛躍できません。では、第三者の介入はどこから来るのでしょうか。

アメーバを中心として、数千段階が愛の法ですべて積まれているのに、それがどのように愛の門、男性と女性の愛の門をすべて越えていくことができますか。できません。**進化論の問題とは何かといえば、第三はどこから来たのかということです。**（文鮮明『宇宙の根本』145）

生物界において、第三者の介入を許さないとすれば、それは生物界の外から来る第三の力（宇宙的な力）でなくてはならないのです。すなわち愛の門、愛の峠を越えて、新しい種を生じるためには、外部の第三者、すなわち神の干渉が必要なのです。

⑪ 雄雌の愛の過程を通じて、種は発展する

進化論では、生存競争に打ち勝ったものが進化すると言います。しかし外的な形態の変化が生存に有利だからといって、別の種に進化するのではありません。また雄だけで、あるいは雌だけで発展することはあり得ません。

今日、一般の人たちは、人間は進化し発展したのだと信じています。しかし、**どんな動植物を見ても、片方の雌だけで発展してきたのではなく、「片方の雄だけで発展してきたのでもなく」、雌と雄が共に作用して発展したのです。**また、低級なものから高級なものまで、**繁殖し発展するためには、雌と雄が愛の過程を通過しなければなりません。**でなければ、発展はありえません。猿の骨を調べて、構成や形態や構造などが人間の骨格と同じだといっていますが、だからといって猿が人間になったというのでしょうか。（文鮮明『文鮮明師と新ソ連

革命』49）

生物が新たな種に発展するためには、雄と雌の愛の過程、すなわち生殖の過程を通じなくてはならないのです。

今日、この進化論を考えてみる時、種の起源を話せば、**一つの種が生まれるにはそのまま生まれるのではありません。必ず雄と雌がいなければなりません。**（文鮮明『宇宙の根本』127）

低級なものからより高い級に発展するためには、雄と雌の愛の過程を通らなければならないというのです。多くの愛の過程を通って出てこなければならないというのです。そうでなくては発展があり得ません。（文鮮明『宇宙の根本』133）

進化論では、アメーバから人まで発展したと見ます。発展がどれほど複雑ですか。……**一段階高い存在の位置に上がっていくためには、必ず雄と雌、プラスとマイナスの愛の過程を通してこそ成されるのです。**（文鮮明『宇宙の根本』152）

結局、生物は生存競争によって進化したのでなく、愛によって発展したのです。
アメーバから人間までの発展の連結体制を成すにおいては、どのようになっているのですか。**愛によって実体が発展する**という概念は無視して、そのまま進化によってアメーバから人になったという、そのような論理がどこにありますか。（文鮮明『宇宙の根本』150）

⑫ 生殖器を通じて発展する

雄と雌の愛の過程を通じて新しい種が生まれるということは、生殖器を通じて受精する瞬間に第三の力としての神の創造力が働いて、新しい種が生まれるということを意味します。オカピの首が伸びるような、体細胞にいくら変化が生じても、それは子孫に伝わらないのです。

生殖器を通らないでは発展するものがないということを知らなければなりません。今晩、帰ってから研究してみてください。生殖器がどれほど複雑か知っていますか。すべての構成に必要な神経要素が、すべて集中しています。（文鮮明『宇宙の根本』133）

⑬ 愛の前進

神は、人間（アダム・エバ）による愛の完成を目指しながら、次第に愛を高めながら、種類に従って万物を創造されたのです。これを「愛の前進」と言います。したがって力の強いもの、生存に適したものが生き残るというようにして、生物は進化したのではありません。

・すべての存在の中に愛の動きがある

小さなものはより大きなものに対して自らを与えます。それによって小さなものがより大きなものと同じ段階へ発展し、同じ価値をもったことになるのです。このような内容をもっているのが、宇宙の発展であり、法則なのです。だから小さなものは将来に希望をもっており、より大きなもののために、自らが対象となって、より大きな主体のために役に立つという、そういう希望をもっています。それは小さなものがより大きなものに対して、自らを対象となして価値を与え、そしてより大きなものと価値を同じくするという、宇宙の方向なのです。だからそれは愛の表れであり、小さなものがさらに大きなものへと愛を示すことになるのです。**このようにすべての中に愛の動きがあるということがいえます。**（文鮮明『御旨と世界』991-92）

・主体と対象を結んでいく方向性は愛

このように見る時、その内容は何でしょうか。それは愛というものです。**主体と対象を全部結んでいく、その主流の骨髄に行く流れ、内容、方向性が何かというと、愛なのです。**その愛はどこへ行きますか。小さい所から大きな所まで行って、何をしようとするのでしょうか。……すべての存在物が主体と対象になっていれば、必ず愛というものを中心として始まるのであり、それを連結させていく道が愛の道です。（文鮮明『祝福』一九九四夏季号、15）

・愛が前進している

進化論は現象の外的な観察にすぎず、内的にはそれは何百万段階もの愛の力の発展過程なのです。愛が前進しているのです。男性と女性が生きる目的は、愛の目標を完成するのです。あなたと私は、愛を完成するために生きているのです。（文鮮明「ソ連十五共和国の代表への演説」1991.5.4）

・愛の観念から進展する

宇宙には進化という観念がなかったというのです。**増加するという観念は、本来愛を中心にして始まったのです。**愛の観念から進展の編成を展開させるのが神様の創造理想です。（文鮮明『宇宙の根本』157)

すべての被造物は、愛の道を探し求めながら、神の愛を求めていくのです。

すべての被造物は、愛を中心としてより大きな愛である神様の愛を求めていくのが願いなのです。いずこにいたとしても植物は鉱物を吸収し、動物は植物を食べて、次々に食べていくのはなぜかというと、高いものをめざして人間に近づいていくためであり、我々人間の神経細胞を通して神様を愛するようになるためです。人間として、神様を愛することのできる神経細胞のような人になれば理想的なのです。すべては神様の愛に向かうというのです。(文鮮明『ファミリー』1990.8,21-22)

すべての元素・微生物も愛の道を探し求めていくのです。神様と一体となった愛に接することのできる細胞を探し求めていくのです。(文鮮明『ファミリー』1990.11,33)

⑭ 人間における愛の完成

神はアダム・エバを通して実現する愛の理想を標準として、高次なものから低次なものへと万物の愛を構想されました。したがって、被造世界の創造においては、愛は人間を目指して前進し、人間において完成するようになっていたのです。そして愛の前進は人間で停止しているのです。

我々男女が、愛する場合において、**古代の祖先たちと今の我々と、愛する方向とか作用とか目的が違うでしょうか。**（同じです）。そこには、なぜ突然変異が起こらないのかというのです。人間が今まで進化したならば、人間以上へと進化すべきなのに、**なぜ人間で停止したのかというのです。**これが問題です。人間が停止すると言って、こうなりましたか。「私が停止する」と、人間が考えて停止しましたか。（いいえ）。**人間がそれを決定したのではなく、決定した位置に人間がひとりでに立っているのです。**（文鮮明『神様の摂理から見た南北統一』588-91）

特定の男と女の間に恋愛が生じるのは人間だけです。動物行動学者の榎本知郎は次のように述べています。

男は女に魅かれ、女は男に魅かれはじめ、初恋と呼ばれる甘美な感覚を体験する。……

特定の異性に対して、これほど激しい感情を伴った生理的現象を示す動物は、ヒト以外にない。性関係を推し進めるためには、性欲といった生理的基盤があれば充分で、それ以上の特別な絆を必要とはしないからである。友達や親への愛情と異なる感情。特定の男と女の間に生まれる恋。類人猿は、けっして恋心をもつことはないのである。(ＮＨＫサイエンススペシャル『生命４』1994.11)

また文芸評論家の竹田青嗣が指摘しているように、人間の恋愛の中にはプラトニズム(精神的な愛)とエロティシズム(肉体的な愛)という二つの力が働いており、両者はいつも、互いに引き裂くような対極の力だとみなされています(同上、111)。しかし動物にはそのようなことはあり得ないのです。

本来、人間において、プラトニズムとエロティシズムという二つの力は一つになり、愛は完成するようになっていました。しかし人間始祖アダム・エバの堕落によって、二つの力は分裂して、愛は未完成のままになったのです。

⑮ 神の創造目的は真の愛の実現

神の本質は心情です。心情は愛して喜びたい衝動です。愛の喜びは主体と対象の授受作用を通じて得られます。したがって主体である神は、愛する対象として人間を造られたのです。ゆえに神の創造目的は、人間を通じて真の愛を実現することであったのです。

・神の創造目的は愛の理想を実現すること

統一教会はこのような宇宙の真理を明らかにし、その目的のために愛を掲げて立ち上ったのです。これは大変驚くべき歴史的、奇蹟的なことなのです。こうしてみたときに、私の存在はどこから始まったのでしょうか。（宇宙的な核、神からです）。先ほど神の構想理想があると言いましたが、その理想の中心は何ですか。（真の愛です）。そうです。**愛を中心とした理想の成就、これが創造目的なのです。**このような創造目的に向かって出発し、その考えや愛を実践しなければ永遠なる生命がないのです。ですから目的に向かって一生、歩み行くのです。（文鮮明『ファミリー』1982.6,17-18）

・神は愛のために世界を造られた

神の最高の喜び、最高の希望、そして最も得たいものは、お金でもなければ、知識でもなければ、権力でもありません！　それはいつでも創造される。**何故神は相対世界を造られたかというと、真の愛のためである。**（文鮮明『祝福』一九九二秋季号、37）

まとめ

雄と雌、男と女はなぜ生まれたのか、これは生物学においても第一のミステリーと言われています。進化論はそれに対しては何も答えないで、進化の結果、自然に雄と雌が生まれたように論じています。それに対して「統一思想」では、神が愛のために、陽陰のペアシステムの世界を造られたと主張します。愛は単独では発現し得ず、授受作用を通じて生まれるのであり、授受作用をするためには陽性と陰性の相対関係が必要なのです。

進化論では生存に適したものが生き残るというようにして、進化したといいます。しかし首の長いものが有利だからといって、オカピがキリンに進化するわけではありません。体細胞の変化が子孫に伝わるのではないのです。したがってオスとメスが交わる愛の過程において、第三の力である神の創造力が働いて、オスとメスの生殖細胞または受精卵に新たな遺伝子が注入されなければならないのです。すなわちオスとメスの愛の過程を通じて新しい種が生まれてくるのです。神はそのようにして、次第に愛のレベルを高めながら、種類に従って万物を創造されたのです。これを愛の前進といいます。

Ⅱ 神の実在と創造の原理

(1)　自然を創造主に仕立てたダーウィン

ダーウィンは英国ケンブリッジ大学の神学部で学びました。将来はキリスト教の牧師になるというコースでした。しかし彼は、神学を学べば学ぶほど、神の存在や神の創造が分からなくなりました。そこで彼は牧師の道を諦めて、博物学者になりました。そして海軍のビーグル号に乗って世界を回って、生物を観察する機会に恵まれましたが、南米のガラパゴス諸島で進化論がひらめいたと言います。

ダーウィンは、南米のガラパゴスの島々で生物を観察しました。キリスト教の創造論によれば、神は六千年前に六日間で天地を創造されました。全ての生物は種類に従って創造され、それ以後今日まで種は不変であると主張していました。ところがダーウィンが観察したところ、種は島々で変化していたというのです。

フィンチ（ヒワ）という鳥を観察したところ、島々でくちばしの形が異なっていました。ある島のフィンチは固い木の実をかじっていました。そのくちばしはペンチのようにずんぐりと

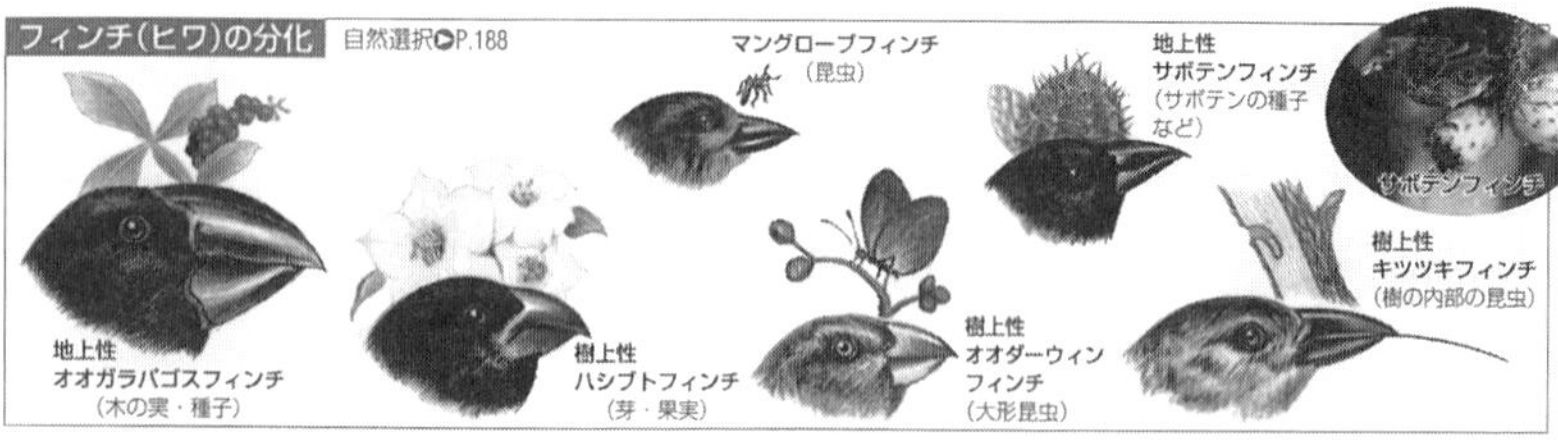

フィンチ(『新訂・生物図表』浜嶋書店187頁より)

していました。また別の島のフィンチは虫を食べていました。そのくちばしは、ほっそりととがっていました。

ダーウィンはまた、ガラパゴスゾウガメを観察しました。ある島にいたゾウガメはいつも下を向いて、コケ類を食べていました。その甲羅はドーム形になっていました。ところが別の島にいたゾウガメは首を伸ばして、サボテンをかじっていました。その甲羅はくら形で、カメが首を上に伸ばせるようになっていました。

ダーウィンはイギリスに帰ってから、「種は変化する」という考えを発展させて、進化論を提示しました。そして人間は猿から進化し、さらに遡れば、アメーバから進化したと主張しました。しかしダーウィンが観察したのは、種の中での変化であり、ある種が別の種に変わったのではありません。フィンチはフィンチのままであり、ゾウガメはゾウガメのままだったのです。ダーウィンは種が環境に適応した現象を拡大解釈して、進化論を提示したのです。

生物のデザインは固定化されたものでなく、環境に適応して変

ゾウガメ（『新訂・生物図表』浜嶋書店187頁より）

化し得る可能性がインプットされています。したがって、ダーウィンが観察した種の変化は環境への適応であって、デザインの改良や新しいデザインの出現ではなかったのです。すなわち新しい種への進化ではなかったのです。

生物のＤＮＡには、数多くの遺伝子が含まれていますが、全ての遺伝子にはスイッチがありますが、そのスイッチが皆オンになっているわけではありません。環境が変われば、それに適用できるように、遺伝子のスイッチのオン・オフが変わり得るのです。したがってそれはある種が別の種に進化することではありません。

ダーウィンは結局、創造主である神を否定し、自然選択をその位置に置いたのです。すなわち、ダーウィンは自然を創造主に仕立てたのです。同様に、著名な進化論者たちも、自然選択をあたかも創造主のように考えています。ドブジャンスキー（Dobzhansky）は自然選択を作曲家に、シンプソン（Simpson）は詩人に、メイヤー（Mayr）は彫刻家に、ハクスリー（JulianHuxley）

はシェークスピアに例えています（グールド『ダーウィン以来』59）。ドーキンスは、自然選択は人間の化学者もはるかに及ばない最高の化学者であり、最高の遺伝子エンジニアであると言います（『延長された表現型』302）。

果たして、自然にそのような創造性があるのでしょうか。自然界は、動物、植物、鉱物から構成されています。動物には、本能的な創造性があるだけで、人間の創造性のような、発展的な創造性はありません。植物は動くことはできず、伸びるだけ、繁殖するだけで、新しいものを造ることはありません。鉱物はじっとしているだけです。したがって自然界には、神や人間の持っているような創造性はあり得ないのです。

自然選択は、多くの変異のうちでどれが生存に適しているかを判定するだけです。したがって自然選択は改良されたデザインを選択することはできます。しかし、それはデザインを改良し、作るということとは全く別のことなのです。ところが進化論者は自然選択の機能を不当に高めているのです。そして今、進化論者の主張する自然選択に関して、各方面から疑問が提示されています。

サイエンスライターで進化論者の金子隆一と中野美鹿は

「今こそわれわれは、自然選択と呼ばれるものの正体を徹底的に解明すべき時を迎えた」（『大進化する進化論』266）と言います。正にそうです。進化論者は、自然選択を不当に高めるのでなく、冷静に、客観的に判断すべきです。

このように創造主である神を否定し、自然選択をその位置に置こうとした進化論の背後には、神の存在を否定する悪魔（サタン）の働きがあります。それに対して、統一思想では神が人間と万物を創造されたことを証して、神様を本来の位置に迎えようとするものです。

まとめ

進化論では自然選択をあたかも創造主のように高めています。しかし自然界には、神や人間の持っているような構想に基づいた発展的な創造性はありません。結局、進化論の背後には神の創造を否定する悪魔（サタン）の働きがあるのです。

(2) 神の実在

進化論は神による創造を否定しました。その結果、創造主としての神の存在を否定することになったのです。しかし進化論が誤りであることが明らかになれば、創造主としての神を再び迎えることになります。神の実在を論証する、次のような観点があります。

① 見えなくても存在しているものがある

唯物論者は見える物質的なものだけを認めて、見えないもの（物理的に観測できないもの）を否定します。しかし、見えないからといって、存在しないということはできません。見えなくても存在するものはあるのです。人間の心は見えませんが、心をないという人はいないでしょう。

見えないものが貴いのです。**神様が見えますか。良心が見えますか。愛が見えますか。人間に最も貴いのはこの三つです。見えない三つの貴重なものが神様、良心、愛です。**良心があることはみな知っているでしょう？「良心はない」と言う人がいますか。「愛はない」と言う人がいますか。（文鮮明『宇宙の根本』149-150頁）

②　宇宙を存在せしめた根本原因としての神

現代の宇宙論によれば、急激な膨張であるインフレーションに続いて、大爆発のビッグバンが起きて宇宙が生成したといいます。しかし、なぜインフレーションとビッグバンが起きたのか、という疑問に対して宇宙論は答えていません。サイエンスライターのポール・ディヴィス（Paul Davies）は次のように言います。

ほとんどの人が、わたしたちが知っている宇宙は、あるとき突然巨大な爆発によって始まったということを受け入れるにやぶさかではないが、これに関連する二つの難しい質問をせずにはいられない。それは、「何がビッグバンを起こしたのか？」そして「その前には何があったのか？」という問いだ。（『幸運な宇宙』118）

イギリスの数理物理学者のジョン・バロウ（John D.Barrow）も次のように言います。

宇宙に始まりがあることにもなった。それ以前には宇宙が（たぶん時間そのものが）存在しない時点のことだが、この始まりがなぜあるか、何のためにあるのかについては、ビッグバン説は何も言わなかった。（『宇宙の定数』180）

ミューニュートリノとボトムクォークを発見し、一九八八年のノーベル物理学賞を受賞した、レオン・レーダーマン（Leon Lederman）に至っては、「われわれには永久にわからないかもしれない理由によって、宇宙は爆発し、以来、膨張しつづけ、冷えつづけている」（『神がつくった究極の素粒子・下』298）と言います。

量子力学では、ミクロな世界の物体の振る舞いは本質的に予測不可能であり、何の原因もなく起こる量子的な過程（粒子・反粒子が対生成し、対消滅を繰り返している状態）があるとされています。そこで旧ソ連からアメリカに移住したアレックス・ビレンキン（Alex Vilenkin）は、無からトンネル効果によって宇宙は出現したという「無からの宇宙創生」を唱えました。そしてアラン・グース（Alan Guth）によれば、宇宙は真空からほとんど労せずに生じるのであり、宇宙は究極のフリーランチ（タダ飯）であると言います。

無とは、いかなる物質も、空間も、時間もない真空です。しかし、真空はなにもないように見えますが、全く何もない無ではなくて、それは見かけ上のことで、その裏に何か潜在的なエネルギーを生み出す元が隠されているというのが、現代の物理学者の見解です。したがって、フリーランチといっても、宇宙の背後にある、エネルギーに満ちた無から来ているのです。真空のエネルギーとは、「勢いの大いなる、力の強き神」（イザヤ四〇・二六）の持っているエネルギーに由来するものであり、宇宙はそのエネルギーから生まれたのです。

さらに、核爆発のようなインフレーションやビッグバンから、いかにして、現存する宇宙の見事な美しい構造が生まれたのでしょうか。それに関して宇宙論研究者たちは、宇宙の始めに、さざ波のような量子の「ゆらぎ」があって、それが銀河団、銀河、太陽系、地球、そして植物、動物、我々人間を生み出したと言います。果たして、さざ波のようなゆらぎによって、そのようなことが可能であったのでしょうか。

さざ波のようなゆらぎとはランダムなものです。デザインも何もなく、単なるゆらぎから、我々の宇宙が生じたというのです。これはランダムな突然変異によって生物は進化したというダーウィン進化論と軌を一にするものです。しかし、さざ波のようなゆらぎから、自然法則や万物のデザインが生じるはずはありません。

・自然にできたのか?

「自然にできた!」と言いますが、皆さんが自然にできたと考えれば、それはどれほどむなしいでしょうか! 自然にできるのですか。自然も主体的な自然がありますか」と言えば、「それは私には分かりません」と言います。……なぜそのようになるのですか」と言えば、「それは誰も分かりません。それはそのようになったのでそうなのです」と言うのです。そのような論法は、あり得ないのです。原因がない結果は、あり得ません。因果法則を否定する科学論理というものは、あり得ないのです。（文鮮明『宇宙の根本』162-163）

原因がない結果は、あり得ないのであり、宇宙を存在せしめた根本原因としての神を認めなくてはなりません。

③ 存在の前に概念（思想）があった

聖書の創世記には「はじめに神は天と地とを創造された。地は形なく、むなしく、やみが淵のおもてにあり、神の霊が水のおもてをおおっていた」（創世記一・一）と書かれています。続いて第一日には「光あれ」と言われて、光がありました。ビッグバンが起きて宇宙が誕生したのです。第二日には、「上の水と下の水に分かれよ」と言われて、水の惑星である地球が誕生しました。第三日には、「海と陸に分かれて、陸に植物がはえよ」と言われて、そのようになりました。第四日には「日と月と星が輝け」と言われて、そのようになりました。空気が澄み渡ってきたので、日と月と星が輝くようになったのです。第五日には「魚と鳥」が現れよと言われて、そのようになりました。第六日には「地上の動物、そして人間」が現れよと言われて、そのようになりました。混沌の中に神の言（ことば）が作用して、被造世界が創造されたのです。もし神の言が作用しなかったらどうでしょうか。今も、ガスか霧のような混沌状態がそのまま続いていたはずです。

宇宙の根本（アルケー）に対して、ギリシアの哲学者、アナクシマンドロスはアペイロン、プラトンはコーラ、アリストテレスは第一質料と言いました。それらはみな混沌状態です。混沌状態はそのまま永遠に続くはずです。したがって現存するような宇宙が現れるためには、混沌になにかが作用しなければなりません。そこでプラトンはイデア、アリストテレスはエイドス（形相）が作用したと考えました。イデアとかエイドスは観念や概念、すなわち思想に相当するものです。すなわち宇宙万物は思想的主体の関与によって生じたのです。

・存在よりも思想が先にある

私たちは、今、体や存在よりも心や思想が先にあるという観念を知りました。このような意味において、**思想的主体、即ち、思想を形成しているすべての構成要素の根源として理想形成の動機的主体の存在を否定することはできないのです。そのような存在を私たちは神と命名するのです。**これをもって、神が存在するという理論的構成に終止符を打ちたいと思います。（文鮮明『ファミリー』1982.6.19）

・概念から宇宙が形成された

宇宙の神秘な秘密の中に隠された秘密、……今まで人間が知らずにいたのが雄、雌の概念であり、この概念が宇宙を形成したという、主体・対象関係で宇宙を形成したということを知らなければなりません。（『宇宙の根本』151）

④ 宇宙万物に目的と方向性を与えた主体としての神

既に述べたように、熱力学の第二法則（エントロピー増大の法則）によれば、全てのものは、自然のままにしておけば、エントロピーを増大させる方向、すなわち無秩序を深める方向、不規則さを増す方向、崩壊へと向かいます。例えば、誰も住まないで放置された家は壊れていくのであり、生命を失った人間や動物の死体は、崩れてやがて土に還ります。ところが生物の進化はその逆の方向です。すなわち、生物は秩序、複雑さを増す方向へと発展してきたのです。したがって進化は熱力学の第二法則に反しているように見えるのです。ではなぜ、進化とは逆の方向、すなわち、劣化、矮小化の方向に向かわなかったでしょうか。そこには万物に、目的と方向性を与えた主体が存在しているからです。

・高次元に向かって発展する方向を定めた神

進化するならば、**なぜ逆には進化しないのですか。**逆に行くこともできるのではないかというのです。東にも行くことができ、西にも行くことができるのではないですか。進化することのできる方向を誰が定めてくれましたか。自己が成長しながら方向を定めますか。アメーバから、これが発展して人になる時まで数多い高次元段階を経て行きますが、**高次元に向かって発展できるその方向を誰が定めてくれたのか**というのです。なぜ、そのように高次元に向かうのかというのです。……この宇宙の中心となる、**何らかの意思があるべきです。その意思の主体を神様であると見るのです。**（文鮮明『神様の摂理から見た南北統一』581-82）

⑤　第三の力（宇宙的な力）**を関与せしめた主体としての神**

生命の材料を造り、ＤＮＡを造り、単純な生物から高級な生物へと発展させたものは何でしょうか。進化論では、海底の熱水噴射、大気中の稲妻、太陽から来る紫外線、隕石の落下による衝撃波、太陽や銀河から来る宇宙線などがそうであると見ています。しかし、それらは爆発的な、破壊的な力です。そのような力の作用によってはＤＮＡを発展させることはできず、かえって破壊あるいは劣化させるでしょう。ＤＮＡに新たな情報を注入する作用がなくては、生物が発展することはできません。

したがって、生物が新しい種に発展するためには、第三の力（宇宙的な力）が関与しなくてはなりません。それは神から注がれる創造的な力であり、新しいデザインです。

⑥ 人間に本性を与えた、最高の価値的な核心的主体としての神

マルクスによれば、人間は労働する動物であり、人間の本質は労働するところにあります。他方、金日成のチュチェ思想によれば、マルクス主義は人間を単に労働する動物であると規定するにとどまってしまったのに対して、チュチェ思想は、歴史上初めて人間の本質的属性を解明し、人間中心の哲学を創始したと言います。

そのようにチュチェ思想によれば、人間は動物とは本質的に異なる存在であり、人間は自然と社会、そして自己自身に対しても主人であるといいます。チュチェ思想が、人間の地位と役割を高めたという点では、確かにマルクス主義を超えたものであると言えます。しかしながら、チュチェ思想はあくまで唯物論であって、物質的、動物的存在である人間が、いかにしてこのような特出した主体性を持つようになったのかという点において、その根拠が示されていません。唯物論の立場、すなわち人間を動物的存在と見る立場から、いかにして自然と社会と自己自身に対して主体である人間に飛躍できるのかというのです。

人間には動物にはない霊人体が備わっているのです。そして人間の霊人体は自動的に成長するのではなく、責任分担を与えられており、責任分担を全うすることによって成長するように

なっているのです。その結果、動物には見られない創造性を発揮できるのです。そして人間がこのような霊的存在であることを認めない限り、人間は万物の霊長とは言えないのです。すなわち、人間に霊人体を与えて、愛と真善美の価値を追求する生心を与えた神を認めなければならないのです。

•人間には高い理想、高い基準に向かう心がある

人間に、このような変わる本性ではなく、変わらない本性（高い理想、高い基準に向かう心）を投入したのは、変わらない主体の相対的作用によって、その対象的実体になるようにするためなのです。このような論理が妥当であると見るのです。**我々にそのような本性があるということは、そのような本性をもった主体的実体があるためであるという結論を下すことができるのです。**ここから、主体の観念と対象の観念を知ることができ、私は主体と相対的関係によって因縁づけられているということが分かるのです。（文鮮明『神様の摂理から見た南北統一』580）

•人間は最高の価値的な核心に接近することができる

広大な宇宙に対して人間とは何かというと、この宇宙人格を完成させるための一つの細胞

であると考えることができます。ですから人間は本質的に、その本性においてお互いに通じることのできる内容を持っているのです。人類はすべて、良くなることや高くなることを願うというような共通性を持っているのです。……このようなことから、すべての**人間は宇宙史的な本性の所望の核心体、最高に高められた価値的な核心体が現れるとき、人間は副体として作用し核心に接近することのできる内容を備えている**という、このような論理を挙げることができるのです。（文鮮明『ファミリー』1982.6.12）

⑦ 最高の科学者である神

ダーウィン以前の科学者の神観はどうであったのでしょう。ルネサンス時代の大科学者であるコペルニクス、ケプラー、ガリレオ、ニュートン等は、みな深い信仰を持っていました。コペルニクスは重力を「創造者の英知」によるものとみなしました。ケプラーは天文学を通じて神のみわざをもっと深く理解できると考え、「創造とその偉大さを明瞭に認識するほど、敬意はさらに深まる」（ダン・フォーク『万物理論への道』247）と述べています。この時代の人々の信仰には「もろもろの天は神の栄光をあらわし、大空はみ手のわざを示す」（詩篇一九・一）という聖句の響きが感じられたのです。ニュートンは科学者であると同時に神学者でもありました。彼は自分の科学が、創造主の栄光を高めることを疑っていなかったのです。

ダーウィニズムの影響を受けなかったアインシュタインは、「神様がどのようにしてこの世界を創造したかを、私は知りたい。これやあの現象、これやあの元素のスペクトルには興味がない。神の御心が知りたい。それ以外はどうでもいいことだ」と言って、神がいかにしてこの世界を創造したのかを研究のモットーとしていました。彼はまた、「私が本当に興味をもっているのは、宇宙を創造するにあたって、神には、この宇宙ではなく、別の宇宙を創るという選択の余地があったかどうかである」と言いながら、神には選択の余地なく、この宇宙を創造されたと主張しました。そして彼は「宗教のない科学はかたわであり、科学のない宗教は盲目である」という有名な言葉を残したのです。

しかし、二十世紀の後半に至り、ダーウィニズムは猛烈な勢いで科学者の心をとらえました。そして今日、自然科学の領域において、神は完全に排除されたかのような状況を呈しています。しかし、進化論の誤りが明らかになれば、無神論の嵐も過ぎ去らざるを得ません。そして神の栄光とそのみ業を明らかにしたいと願った、ルネサンス期の科学者たちの夢、アインシュタインの夢が実現するようになるでしょう。

現代の宇宙論は、量子の揺らぎから宇宙は生まれたと言いますが、それでは宇宙に物理法則がいかにして刻み込まれたのでしょうか。レーダーマンは宇宙が始まる前に諸法則は、既に準備されていたと見ています。

宇宙が始まるためには、時間さえ始まる以前に、すでに自然の諸法則の準備ができていたにちがいない。われわれはそう信じ、そう表明しているが、証明はできるのだろうか？　それはできない。「時間が始まる以前」についてはどうか？　こうなるとわれわれは物理学を離れ、哲学の世界にはいってしまう。（『神がつくった究極の素粒子・下』324）

宇宙の始めに数理的な法則があったということは、宇宙の背後に偉大な数学者、偉大な物理学者が存在しているということを意味します。ピタゴラスは「万物の根本は数である」と言いました。ガリレオは「自然の書物は数学の言葉で書かれている」と言いました。またイギリスの理論物理学者で、量子力学および量子電磁気学の基礎づけについて多くの貢献をしたディラック（Paul Dirac）は「神は高度の数学者であり、宇宙を構成する時、極めて高級な数学を使用した」と、神は最高の数学者であると言いました。神は絶対的な最高の科学者なのです。

神様が必要なのは、お金でも、知識でも、権力でもありません。神様は、絶対者であられ、全知全能であられる方なので、そのようなものは必要ない方です。いくら現代科学が目覚ましい発展を重ねても、それはすべて神様の創造圏内で新しい諸事実を発見していく過程にすぎません。**膨大な宇宙は、人間の思考と科学が及ばない秩序の中で、法度に従って運行しています。このように、神様は、絶対的科学者でもいらっしゃるのです。**（文鮮明『天聖経』1387）

⑧　全ての王であられる神様

地上の人間の王は永遠ではなく、その権勢は限られています。しかし、神は天地の創造主であり、主宰者であって、唯一、永遠、不変、絶対の、全ての王であられるのです。

真なる神様は、無限なる主体的価値の存在であり、善の王、知識の王、幸福の王、自由の王であり、すべての平和、理想、統一の王です。神様がいる所に統一され、神様がいる所に平和があり、幸福があり、未来があり、喜びがあり、自由があります。（文鮮明『ファミリー』1995.2.28）

まとめ

今日、自然科学のあらゆる分野において、進化論の影響を受けています。そして神は科学の世界から排除されてしまいました。しかし進化論が誤りであることが分かれば、自然科学も再び神を迎えるようになり、アインシュタインの言葉、「宗教のない科学はかたわであり、科学のない宗教は盲目である」にあるように、宗教と科学は一つになり、共に神の理想世界実現に向かって協力するようになります。

(3) 神の成長

神はロゴス、すなわち構想の世界において、アダムとエバを通じて実現する愛の理想を描いていました。アダムとエバが家庭を築き、子女の愛、兄弟姉妹の愛、夫婦の愛、父母の愛を実現するという愛の理想です。すなわち神の創造目的は家庭的四位基台の完成です。その愛の理想をモデルとして宇宙万物を構想されました。その際、人間の愛に似せて、高次の愛から低次の愛の被造物を構想されましたが、現実世界の創造においては、低い段階から次第に高い段階の被造物へと愛の理想を実現されていったのです。すなわち、被造世界において愛が前進してきたのです。被造世界において愛が前進してきたということは、神の愛の構想が実体化したということであり、神においても愛が前進してきたということです。

① 真の愛を中心として成長された神様

神において愛が前進してきたということは、神は真の愛を中心として成長してこられたのです。

・神にも成長があった

私たち人間が胎中にあって、精子、卵子という単細胞から始まって発展していくことと同じく、**神様も単細胞のようなところから成長していくというのです。**人間の創造の標準、モデルが何かというと、神様を標準として生まれたのです。ですから人間一人ひとりを中心として、神様が経てきたものすべてを再現させるのです。人間を通して実際に感じてみるというのです。神様が子女のような時代、兄弟のような時代、夫婦のような時代、そして父母のような時代を訪ねてこられるのです。……**神様にも成長があったというのです。この宇宙のすべてがそうなのです。**（文鮮明『ファミリー』1993.6.9）

- 真の愛を中心として成長された神様

……**真の愛を中心として心と体のようなものが、小さな所から大きくなってきたということです。神様も大きくなっていったのです。**神様も大きくなり、アダムとエバが造られる時までにはすっかり大きくなり、もう一回り回って、すべて包括できる立場に入ってきたのです。無形の神様は、実体対象圏と関係を結ばなければならないのです。（文鮮明『ファミリー』2004.6.8）

- 神は次第に大きくなられた

神様も赤ん坊の時があったでしょうか、なかったでしょうか。（「ありました」）。……**大きく大きく、次第にもっと大きくなるというのです。**皆さんを中心として大きくなりたいでしょう？　**愛を中心として王になりたいのです。**愛の王になりたいというのです。（文鮮明『祝福家庭』二〇一一秋季号、20）

②　神様が大きくなられたとは

神様が大きくなられたといっても、それは空間的に体積が増していったということではありません。神様は時間空間を超越した存在ですから空間的に大きくなられたわけではありません。愛が次第に高まってきたということです。しかし宇宙は見ない神の姿が見える姿として現れたものですから、宇宙が大きくなってきたということは、神様の見える姿が大きくなったということです。

では、皆さんに教会のために生きなさいと言うのは何のためですか。より大きくするためです。家庭で大将になろうということでよいですか。教会のために生きるということは、私がもっと大きくなるためであり、国のために生きることも私がもっと大きくなるためであり、世界のために生きることも私がもっと大きくなるためです。どれくらい大きくなるためか、最高に大きくなるためです。**ここで大きいというのは、体積をいうのではなくて、内外の最高の円満さと円熟さを備えることをいいます。**皆さんは、そのような立場で統一教会を中心として、世界水準の舞台で万民と共に生きようという人にならなければなりません。そうしてこそ、天地を創造された神様の息子、娘になれるのです。（文鮮明『神様の摂理から見た南北統一』689）

③ 神の成長の歴史を再現

宇宙の創造を通じて、神は真の愛を中心として成長してこられたのですが、神がアダムとエバを造られる時、アダムとエバの成長を通じて、ご自身の成長の過程を再現し、実感されるのです。アダムとエバの成長は宇宙の発展のモデルであり、愛の前進、愛の成長のモデルであるからです。

アダムとエバの創造は、神様が真の愛を中心として成長したご自身の歴史を、実体で見るのと同じです。そのような実体対象が子女の位置になるので、神様が成長してこられた姿を、再び実体で見ることができるのです。（文鮮明『ファミリー』2004.6,9）

神様が創造主として歴史的、内情的原則を中心として、**存在の起源から今まで成長した過程を実体的に展開してくる過程がアダムとエバの創造です。**（文鮮明『宇宙の根本』99）

まとめ

神はロゴスの形成において、愛の理想世界の構想を描いていました。そしてそれを被造世界において実現しようとなさったのです。人間、アダムとエバによる愛の実現を目指して、まず万物世界を造られました。低いレベルの愛から次第に高いレベルの愛に向かって、愛の前進をしながら、創造されました。同時に、神も愛を中心として成長されたのです。構想は実体化されたときに、初めて実現するからです。そしてアダムとエバの成長過程は、神ご自身が愛を中心として成長された過程の再現でもありました。

(4) 愛の根源なる神

① 愛の主体としての神

キリスト教では「愛は、神から出たものである。……神は愛である」(ヨハネ第一の手紙 四・七－八)と言います。儒教では、「天は仁なり」(董仲舒)と言います。仏教では、「如来の室とは、大慈悲心なり」(法華経)と言います。イスラームでは、「慈悲深く慈愛あまねきアッラー」(コーラン)と言います。そのように、愛、仁、慈悲、慈愛と表現は異なっていますが、それらはみな宇宙の根源者に由来しているのです。すなわち愛の起源は神です。神は愛によって宇宙を創造し、愛によって宇宙を抱擁しているのです。

• 神は愛の主体、私たちは愛の対象

神はどのような存在でしょうか。神は真の愛の中心に位置する全体の内容を持った人格的存在なのです。**神は愛によって宇宙を抱擁し、宇宙を同化させ、宇宙を消化し、宇宙を監督することのできる愛の主体なのです。**それはほんとうに素晴らしいことです。

私たちは何故に存在し、また存在しなければならないかというと、それは愛による理想を

「愛は、神から出たものである……神は愛である」（ヨハネⅠ 4：7～8）
「愛は人の徳を高める」（コリントⅠ 8：1）

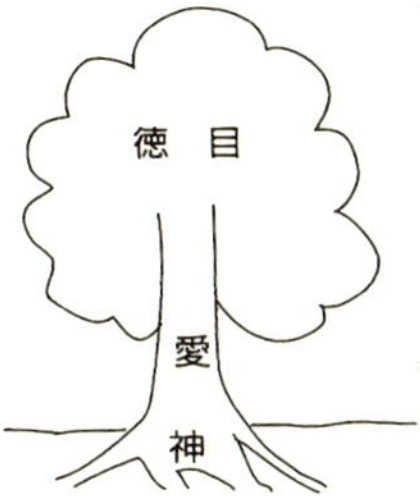

「如来（真如より来れる者）の室とは、大慈悲心なり」（法華経）

「天は仁なり」（董仲舒）
「仁は徳の光なり」（韓非子）

「慈悲深く慈愛あまねきアッラー」（コーラン）

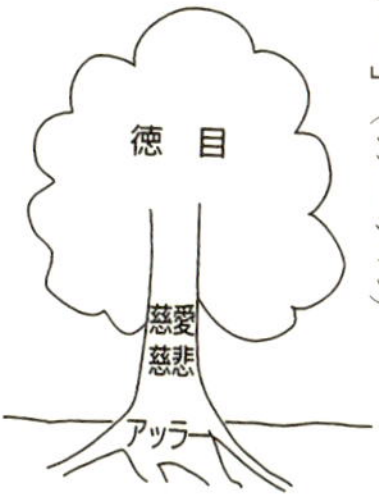

実現するためなのです。愛による理想を実現するためには愛の主体の前に対象がなければなりません。そして対象は対象としての立場を完成させなければならないのです。神と私たちとの関係は、**神が愛の主体であり、私たちはその愛の対象なのです。**これはどれほど素晴らしいことでしょうか。このように二つが一つになることによって神は愛の理想を完成させることができるのです。このことから理想を実現するためには、神は人間を必要とし、人間も神を絶対に必要とするという理論的基準が決定されるのです。（文鮮明『ファミリー』1982.6,14-15）

② 神の愛の根拠地は垂直的な親子の愛

男女の愛はどこから生まれたのでしょうか。また夫婦の愛から子女が生まれる時、夫婦の愛より強い父母の愛はどこから生まれるのでしょうか。それは愛の根源である神から来るのです。

・夫婦の愛より強い父母の愛はどこから来たのか

男性と女性の愛によって生まれたのが息子・娘ですが、その息子・娘を愛するその愛は男性と女性が愛するそれと同じかというとき、そうでありうると言うなら、それは論理的に矛盾になります。**では、この愛がどこから来たのかということが問題にならざるをえません。**そうではないですか？　父親と母親は一人の男性と女性ですが、彼らが相対的関係の下で愛し合うことによって息子・娘が生まれました。……その愛［息子・娘を愛する愛］が男女間で結ばれる愛だけでできたものだというなら、そのような愛がでてくることはあり得ないのです。より強くより原則的なものがでてくることはできないというのです。（文鮮明『み旨にかなった子女指導』193）

垂直的な親子の愛によって神の愛は人間と連結されます。

・神の愛の発掘地は縦的な親子の愛にある

その神様の愛の発掘地はどこでしょうか。兄弟の間で互いに愛する、そこから神様の愛が出てくるのではありません。男女が愛するその愛を中心として、神様の愛が立てられるのでもありません。その神様の愛は、親子関係の愛によって立てられます。（文鮮明『訓教経・上』851）

・真の愛は垂直的な本然の骨的愛に連結されるところにある

では、**真なる愛をどこに行って探すのかといえば、男性や女性から探せるものではありません。それは横的な平面的な愛なのです。男性と女性は東と西のようになり、垂直的な本然の骨的愛と連結しなければならないのです。**……神様は天地創造において、愛の平面の線を書いておいて、垂直の線をもっていたのです。（文鮮明『新天地』1986.5.42）

③　縦的な神の愛とアダムとエバの愛の連結

アダムとエバの愛（夫婦の愛）が縦的な愛と結ばれるとき、真の愛が完成するようになっていました。

・神と結ばれる真の夫婦の愛

男子と女子が授け受けする場合、単なる横的な愛には終わりがあるということを知らなければなりません。しかし真の愛は神に結ばれ、終わることがないのです。**真の愛によって男子と女子が完全に一つになることによって神とも結ばれるのです。**夫婦が愛し合わなければならないのは、それによって神に通じ結ばれる、そのためなのです。（文鮮明『ファミリー』1982.6.15）

・真の愛は、神とアダムとエバのいる所に存在する

神様が一つの方向をもって創造されたので、アダムとエバも一つの方向をもって生まれたのであり、神様の願う方向に生きるべきであります。人間は生まれた時は小さく、成長するにつれてだんだんと大きくなっていきますが、人間の方向性は全然変わりません。一つの方向しかないのです。二つの方向はありません。それはいいことですか？　悪いことですか？　いくつもあったらいいのに、なぜ一つしかないのですか？　それは真の愛をつくるためです。**真の愛というのは三つの存在、神様とアダムとエバのいる所に存在します。**だからその方向に向かって行かなければ、真の愛に出会うことができないのです。（文鮮明『祝福家庭と理想天国Ⅱ』1021）

神はアダムとエバを通じて愛の完成を目指されました。したがって、神は最高の精誠を尽くしてアダムとエバを創造されたのです。

神様は聖書を持つでしょうか、完成したアダムとエバの家庭を持つでしょうか？　どちらを持つと思いますか？　**神様が最高の精誠を尽くして創造したのは、アダムとエバなのです。**聖書をつくることに対して、神様は精誠を尽くしましたか？　聖書は神様が書いたと思いますか？　人に書かせたのです。分かりますか？　聖書の理念を霊界から見れば、最高に大きく見えるようでも、アダムとエバの二人を合わせたことと同じです。その中で、互いに寄り添って生きるのです。ですから、男性の完成は女性が、女性の完成は男性が成すべき共同的な運命をおびているのであり、その運命は愛によってのみ可能なのです。

それではなぜ、内在的な愛を中心として生きるのみではなく、外的な愛をつくったのでしょうか？　これが問題なのです。それは、**外的な愛が存在することによって、神様も刺激的な愛を感じることができるからです。**妻が夫の手を触り、夫が妻の手に手を重ねるだけでも電気が通じるのです。（文鮮明『ファミリー』1994.1,44）

しかしながらアダムとエバの堕落によって、神とアダム・エバの間に結ばれるべき愛の絆は切れてしまい、今日まで神の愛の理想は完成されませんでした。

しかし、生命より貴く重要なこの父母と子女の関係が、アダムとエバの堕落によって切れてしまいました。永遠のひとり子として立てた御自身の分身が、怨讐サタンと血縁的関係を結ぶことによって、サタンの子女となって離れていきました。その現実を目の当たりにした神様の胸には、歴史的な恨が血の塊のように固まったのです。歴史上、誰も理解できず、誰も解くことができなかった、無念極まりない悲しい恨として残ってしまいました。（『天聖経』1386）

まとめ

進化論では愛の起源が明らかではありません。ドーキンスが「普遍的な愛は進化的に意味がない」と言っているように、本来、愛は進化とは関係のないものです。

各宗教において、愛とか、仁とか、慈悲とか、慈愛とか、呼び名は違っていますが、愛の根源は宇宙の根源者である神です。神と人間は縦的な父子の愛によって結ばれ、その縦的な愛と男女の水平的な愛が結ばれるようになる時、真の愛が完成するようになっていました。したがって神が最高の精誠を尽くして創造されたのがアダムとエバであったのです

(5) アダムとエバを通じた愛の創造理想

① 宇宙の中心軸は父子の関係

ヨハネの福音書には、初めに言があった。言は神であった。すべてのものは、これによってできたとあります。それに対して、新しい神観によれば、初めに心情――愛さずにはいられない衝動――があった。神は心情であった。すべてのものは、これによってできたのです。心情は核として存在していましたが、核の中に愛が含まれていました。神はその愛を刺激的な実感的な愛として実現するために、愛の相対として人間を創造されました。ゆえに人間は神の愛の最大のパートナーなのです。

その神が、**ご自分の最大の愛のパートナーとして、被造物の中で主人の位置に立てた存在が人間です。**（文鮮明『文鮮明師と新ソ連革命』51）

神と人間の関係は、父子の関係、すなわち父母と息子、娘との縦的な愛の関係です。それが宇宙の中心軸となるのです。

・宇宙の中心は父子関係

皆様も、**祈祷を通して神秘的な境地に入り、この宇宙の中心は何かと尋ねてみてください。「父子関係」という答えを聞くようになるでしょう。**父母と子女の関係以上に、重要で貴いものはないのです。これが、この宇宙を創造された神様と人間の根本的関係だからです。（文鮮明『天聖経』1379）

・父子の関係は真の愛と真の生命と真の血統の関係

父子の関係がもっている特性とは何でしょうか。真の愛と真の生命と真の血統の関係です。真の父母の真の愛が前提とならなければ、私たちの真の生命が存在することはできません。すなわち、神様のみ前に人間は、絶対的な真の愛の相対として創造されたということです。そこは、正に神様が父となり、人間は息子、娘となる軸が立てられる所なのです。もし、それよりもっと高く貴い所があれば、人間の欲望は、またそれを追求するでしょう。しかし、そのような所はありません。全知全能であられる神様が、最高の所は御自身のために隠しておいて、御自身の子女であり、愛の絶対相対者であるアダムとエバは二番目に良い所に立てて創造した、ということは想像もできません。（文鮮明『天聖経』1379）

・あらゆる関係の中で最高、最上の関係

神様は、アダムとエバを創造し、人類の最初の先祖として立てられました。御自身のすべてを一〇〇パーセント投入され、愛と生命、そして御自身の血統が連結した息子、娘として立てられたのです。**父子の関係こそ、あらゆる関係の中で最高、最上の関係だからです。神様の血統を伝授し、永存させる唯一の道は、正に父母と子女の血統関係しかないというのです。**（『天聖経』1385-86）

神と人間の間に縦的な父子の関係（父母と子女の関係）が形成されれば、神と人間は一体となり、そこから神の愛が展開されるようになっていました。

神様は父として、人間は子女として、縦的な軸を形成するようになっていたのが人間の創造です。もし、この軸が完全に連結されていたならば、すなわち人間と神様の間に真の愛で一体になった関係さえ結ばれていたならば、宇宙のいかなる力も引き離せない、絶対不可分の関係ができていたのです。神様の本然の愛に結ばれ、その愛を味わった人が、どうして再び分かれることができるでしょうか。（文鮮明『天聖経』1388）

② 横的な愛によって広がりと繁殖が可能

しかし縦的な父子の愛には広がり（面積）がなく、繁殖もありません。そこで神は核の中に内在している横的な愛を展開するために、男性（アダム）と女性（エバ）を構想されたのです。

・中心軸には面積がなく、繁殖の根拠地がない

神様は、なぜアダムとエバを造ったのでしょうか。神様は無形でいらっしゃるお方なので、実体の形状をもった父母にならなければ、形状の子女を愛することができません。それで、体をまとうために造りました。

第一に、無形の神様が体をまとうためであり、第二に、体をもつことによって震動するような衝撃が来るようにするためです。それは、言葉だけではできません。一つの言葉があれば、音楽がなければならず、その音楽に合わせなければなりません。この衝動的な刺激に喜びを感じるのです。**第三に、神様は中心軸をもった垂直の父なので面積がありません。**神様御自身を中心として見てみるとき、一点しかない**この軸には繁殖の根拠地がありません。**なぜ体が必要なのかというと、東西南北の三百六十度を中心として面積が必要だからです。（文鮮明『天聖経』95）

宇宙の全ての天体が軸を中心とした円環運動を通じて生まれて、成長していくように、縦的な父子の愛を中心として、男女の愛がその周りを回るようになりました。その際、女性の愛の中に一人の女性（エバ）の姿が現れ、その女性の姿に合うように一人の男性（アダム）の姿が現れました。そしてアダム・エバを通じて展開される四大心情圏の愛（子女の愛、兄弟姉妹の愛、夫婦の愛、父母の愛）の理想が生まれました。その愛の理想をモデルとして、動物、植物、鉱物が陽陰のペアで構想され、さらに地球を中心とした宇宙が構想されました。

③ アダムとエバの中に神が宿る

やがて神はアダムの体をまとわれるようになります。そしてアダムとエバが結婚するようになれば、エバはアダムの夫人であると同時に神の夫人にもなるのです。かくして神はアダムとエバの体をまとわれるようになります。すなわち、聖書に「あなたがたは神の宮であって、神の御霊が自分のうちに宿っていることを知らないのか」（第一コリント　三・一六）と書かれているように、人間は夫婦として、神の宮になるのです。

- アダムは実体をもった神様の体、エバは実体をもった神様の妻無形の神様が実体の世界を主管するためには実体の体がなければなりません。それがあってこそ見たり聞いたりできるので、神様が実体の体として造られたのがアダムだというのです。それでは、エバとは誰ですか。エバはアダムの妻です。実体の妻です。それゆえ**アダムが実体をもった神様ならば、エバは実体をもった神様の妻です。**神聖な神様が妻を得るというので驚くかもしれませんが、アダムは実体をもった神様の体です。エバは実体をもった神様の妻として創造されたのです。（文鮮明『真の神様』27-28）

・アダムとエバの中に入って愛そうとされる神様

アダムの中に入っていき、エバの中に入っていって神様が愛そうとされるというのです。二性性相に分立し、愛を中心として一つにして、四方をすべて愛だけが連結させることができるのです。……二性性相の分立的な立場にいるために、〔アダムとエバは〕別々の存在だというのです。それは、なぜ分立したのでしょうか。愛をより刺激的に感じるためなのです。（文鮮明『宇宙の根本』223）

・神様と人間の天地合徳

本来、堕落していなければ、エバは神様の夫人になり、アダムは神様の体になるのです。

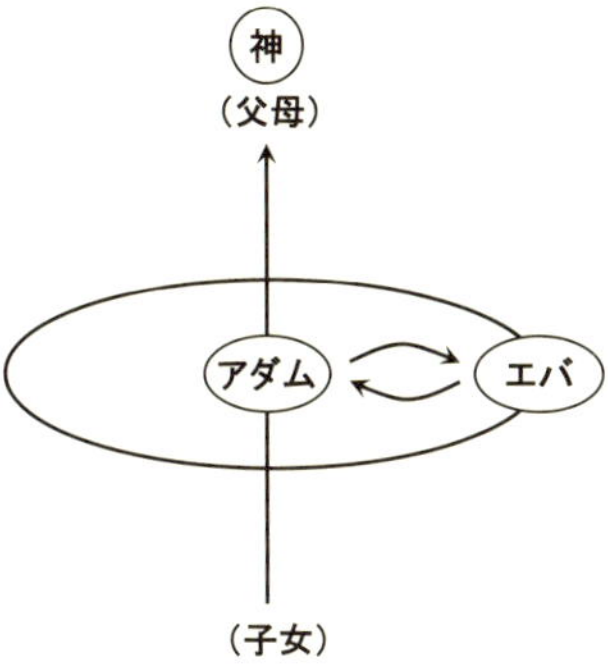

神様の体になったアダムと神様の体になったエバが愛することによって、神様と人の天地合徳が展開し、男性と女性、陰陽の合徳が展開して初めて縦横に結びつき、愛によって新しい生命、新しい血筋が絡み合わなければなりませんでした。（文鮮明『宇宙の根本』245）

④ 女性を標準として世界を創造

文師は初期の頃には、男性（アダム）をモデルにして女性（エバ）を構想されたと語っていましたが、のちに、女性（エバ）をモデルにして男性（アダム）を構想されたと語りました。

ここで知らなければならないことは、**男性が生まれる前に女性をモデルにして男性を造ったということを知らなければなりません。男性を造るとき、神様が女性をかたどり、女性を前提条件、先にある条件とする見えない構想的内容の基準を中心として、そこに合うように生まれた存在が男性であった**ということを、男性のかたは理解できますか？……男性という存在は、女性のために生まれたのです。……ですから、前提条件として女性を先に立ててお

き、それをかたどって合うように[男性を]造ったのです。（文鮮明『ファミリー』2004.8,35）
神がまず女性（エバ）を構想し、それを標本として男性（アダム）を構想されたのであれば、
結局、人間は女性から始まったことになります。

人は女性から始まりましたか？　男性から始まりましたか？（男性です）　それは間違いです。女性から始まったのです。女性には、引っ繰り返すような革命的な、喜ばしい言葉です。（文鮮明『ファミリー』2005.2,24-25）

女性たち、きょうから誇りなさいというのです。神様が凸ならば、凹という女性の構造をすべて知っているはずです。それを知って、そこに合うように男性をつくったのか、男性に合うように凹をつくったのか、何を標準として、創造を始めたのでしょうか？　**何を見つめながら創造を始めたのでしょうか？　女性を標準として全体を創造したというのです。**（文鮮明『祝福家庭』二〇〇七春季号、22）

生殖器の発生から見れば、人間はみな、母親の胎内で初めて〝生〟を得た時点では、全て〝女

性型身体〟として出発しているのであり、男性になるためには、Y染色体が持っている遺伝子SRYの働きで創り上げられる睾丸（精巣）が、男性ホルモンを生産し、そのホルモンの作用力で、男性に創り変えられるのです。この生物学の見地から見て、神が女性（エバ）を構想し、それに基づいて男性（アダム）を構想されたことが理解できます。

・性はいつどのようにして決まるのか

一九八七年暮れに、このY染色体の上に、精巣をつくる遺伝子があることが確認されました。この遺伝子の指令を受けると性腺のもとは精巣になり、この精巣からでる男性ホルモンを浴びた胎児には、男性性器ができあがってくるのです。……**このように胎児は性に対する情報がなければ、自然にその姿形は女性につくられていくのです。**……卵巣も精巣もそのもととなる性腺は同じものです。この性腺の外側が発達すると卵巣になり、内側が発達すると精巣になるのです。（NHKサイエンススペシャル『驚異の小宇宙・人体Q＆A』26-27）

かくしてアダムとエバの創造においては、神は初めに対象であるエバを構想され、それからエバに合うように、主体であるアダムを構想されたのです。ところが初期の頃、文師は男性（アダム）をモデルにして女性（エバ）を構想されたと語っていました。それはアダムのあばら骨からエバを造ったという聖句の意味を説明するためでありました。そしてのちに、女性（エバ）をモデルにして男性（アダム）を構想されたと語られるようになったのです。しかし神がエバを先に構想されたとしても、アダムとエバは相対的なペアとして構想されたのだから、アダムの立場から見れば、エバはアダムに合うように造られているのであって、エバはアダムをモデルとして構想されたという論理も成り立つのです。

⑤ 先有条件

神がアダムを造る時、エバと無関係にアダムを造られたのでなく、エバを考えながらアダムを造られたのです。これを「先有条件」と言います。すなわち、アダムを造る時の先有条件がエバなのです。

• アダムを造る時の先有条件はエバ

アダムを造られる前に、その「先有条件」として、神様は女性を手本にして、その女性に合うようにアダムを造られたのです。それが「先有条件」です。先にある条件ということです。女性が先に形態を備えて現れたのではないのです。姿形を構想された神様は、女性に合うように男性を造られたのです。女性がいなければ、男性のような姿形にはなりません。ですから、**何を「先有条件」にしたのかといえば、見えない女性であり、それを手本にして男性を造られたのです。**（文鮮明『後天時代と真の愛の絶対価値』238-39）

・創造の出発点は女性

「先有条件」と言ってみてください。神様が創造されるときに、男性を最初に造ったとしても、男性ばかりを考えて造るのではありません。**女性という見えない形態を手本にして、それに合うように造られたのが男性なので、男性は女性のために造られたのです。**創造の出発点は男性でしょうか、女性でしょうか。どちらが最初ですか。女性です。（文鮮明『後天時代と真の愛の絶対価値』243-44）

しかしながら神は、男性（アダム）と全く関係なく女性（エバ）を構想されたわけではありません。男性と女性は相対的なペアですから、男性を考えながら女性を構想されたという面もあるのです。

・男性の先有条件は女性、女性の先有条件は男性

人間は横的な真の愛の因縁も、持って生きるようになっています。大工さんが家を建てる

とき、水平を先に見ますか、垂直を先に見ますか。水平を見ます。水平を先に見るということは、垂直を認証しているということです。それでは、垂直が先ですか、水平が先ですか。垂直です。このように見た時、**女性という言葉は男性が先にいたので出てきた言葉です**。また男性という言葉も女性を先有条件として出てきた言葉です。同様に上という言葉は下を考え、右側という言葉は左側を認定していう言葉です。したがって横的という言葉は、縦的を確定していう言葉です。このように先有存在圏を認定するということは、為に存在する相対圏を証明することであり、それゆえ、真の愛とは為に生きようとする目的において成立したものなのです。（文鮮明『文鮮明師と新ソ連革命』50）

・男を創造する時、女の概念があり、女を創造する時、男の概念があったなぜ男と女が生まれたのでしょうか。**男と女を創造した者が、男を創造する時、すでに女の概念があったのでしょうか**。女がこうだから、男はこうあるべきだと考えたでしょうか。女を創造する時、男の概念がすでにあったのでしょうか。あるいは偶発的に人間が生まれたのでしょうか。どう思いますか。

知ってほしいのは、男と女が創造される時、すでにそのすべての概念が存在していたということです。その概念は、男は男のために創造されたのでなく、女も女のために創造されたのではないというものです。それは絶対的な真理です。答えは非常に簡単なものです。男は女のために、女は男のために創造されたのです。男と女は相互補足的関係にあり、その概念は創造が始まる前から存在していたのです。上という時、初めから下が存在することが前提になっています。右という時、左がすでに前提として示されているのです。低いというとき、高い存在がすでに示されています。すべては、補足的になっています。（文鮮明「ソ連十五共和国の代表への演説」1991.5.4）

結局、男性と女性は相対的なペアとして造られたのであって、男性も女性も創造の公式はほとんど同じなのです。

人間という観点から見れば、男性も女性もそれほどの違いはありません。ほとんど同等なのです。なぜかというと、創造の公式が同じだからです。（文鮮明『ファミリー』1991.8.22）

まとめ

無形の神は刺激的な愛を実感するために有形世界を創造されました。神は陽陰の二性性相、すなわち男女の神でありながら男性格主体の神です。それゆえ神は最初に女性（エバ）

の姿を思い浮かべました。そして女性に相対する男性（アダム）の姿を思い浮かべました。そしてアダムとエバを創造されましたが、神はアダムの体をまとわれるので、エバはアダムの夫人であると同時に神の夫人ともなるのです。かくしてアダムとエバは夫婦として神の宮となるのです。

(6) 神の創造における生殖器の意義

① 生殖器を表象してアダムとエバは造られた

神の創造目的は愛の完成ですが、男女の愛は陽陰のペアの授受作用によって生じます。そして愛は性と一体になっています。それゆえ神はアダムとエバの身体を造るに際しては、生殖器を中心として構想されたのです。

- 神は生殖器を表象して男性と女性を造られた

神様が創造するときに、**生殖器を表象して男性と女性を造り始めました。**それゆえ生殖器を動かすところには、人間全体の構成要素がすべてついているのです。ですから男性と女性が愛して、その二人が一つとなって子を生むのです。一つとなって生むということはどういうことですか。何に似るのでしょうか。神経系統がすべてついているので、従ってくるのです。根がないのに枝が出てくるでしょうか。それを否定することはできません。それゆえ**愛が激動するときには、体と心が一つとなるのが原則です。**これは理論的です。では、愛を代々に連結させることのできるところ、その生命を代々に連結させることのできるところ、自分の血統を自分の子に代々連結させることのできる、その器官とは何でしょうか。それは男性、女性の生殖器官です。（文鮮明『成約人への道』124）

・生殖器に似せて男性、女性が造られた

神様も愛を中心として天地万物を創造されました。それを何によって証するのですか。その宿題が重要です。愛のために創造されたということを何によって証するのですか。男性と女性ではありません。それでは何でしょうか。露骨な話をするようですが、男性の生殖器、女性の生殖器を見れば分かるというのです。

神様が何を標準として人を造られたのか、男性は何を標準として造られたのかという時、「男性の顔を中心として造り始めた」と言われれば、理にかなった話ですか。女性を造るのに、「女性はこうあるべきなので、女性の顔を見て造った。ひげが生えず、このようにすべきしていて、身長が小さく、そのように造った」と言われるとき、そうなのでしょうか。違います。生殖器を中心として造られたということを知らなければなりません。男性がそのようになっているのは、生殖器に似てそのようになったのです。女性がそのようになったのは、生殖器に似てそのようになったのです。このような言葉は文総裁から始まるのです。誰もそのような話をしませんでした。図書館にはありません。人類歴史にない新しい言葉です。（文鮮明『宇宙の根本』208）

神が人間を造るとき、男性の性と女性の性を中心として男と女を造られたとは、男女の生殖器が宇宙創造の先祖だということになります。

・男性の性と女性の性の概念が先にあった

では神様が人をつくるとき、凸凹、男性と女性の概念が先だったでしょうか、人という概念が先だったでしょうか。答えてみなさい。**人の概念が先ですか、男性の性、女性の性の概念が先ですか。**（「**生殖器が先です**」）。**本当ですか。根本がそれです。**どんなものより重要だというのです。（文鮮明『祝福家庭』二〇一一冬季号、31）

・男女の生殖器が、宇宙創造の先祖

男性の前に女性がいることは妨害ですか、天下にない奇跡ですか。（「祝福です」）。祝福ではなく奇跡です。宇宙の奇跡だというのです。もし、その男性の前に女性がいなかったなら、どうしますか。それをありがたいと思わず、みな生きてきたでしょう。どれほど喜ばなければならないでしょうか。そのようなことを考えてみましたか。いくら凸があっても、凹がなければ大変なことになるのです。……**女性としての生殖器官が、宇宙創造の先祖だったという事実を知らなければなりません。**これを知りませんでした。生殖器が人間の創造の先祖だったというのです。分かりましたか。(「はい」)。第一の先祖が生殖器だというのです。**この生殖器から男性と女性が現れたのです。**(文鮮明『祝福家庭』二〇一一冬季号、31-32)

② 神様に生殖器はあるか

創世記に「神は自分のかたちに人を創造された。すなわち、神の形に創造し、男と女とに創造された」と書かれているように、神には見えない男と女のかたちがあり、したがって生殖器の原型もあるということになります。

・神様には生殖器があります

神様に生殖器があるでしょうか、ないでしょうか？(笑い)なぜ、笑いますか？(あります)動機がなければ結果が現れません。人間は結果的存在なので、動機にそのような内容がないはずがありません。それは理論的です。**神様には生殖器があります。**(文鮮明『ファミリー』1997.1.31)

・見えない神様の生殖器が現れたのがアダムとエバの生殖器

そこから私が生まれるのではないですか。男性と女性がそこから生まれるのであって、キスするところから生まれるのですか。男性と女性の生殖器が絶対的に一つなることを願うでしょう？　夫婦間で絶対的に一つになってみたいですか、適当に一つになってみたいですか。その場は何かというと、女性が愛を受けるためには、夫だけではなく、霊的に神様に侍る位置に立たなければならないのです。**見えるアダムの生殖器は、内的には見えない神様の生殖器だというのです。女性の生殖器も、見えない神様の生殖器であり、見える生殖器はエバの生殖器です。**見えないものは縦的であり、見えるものは横的に一つになるのです。それで、縦的な父母、横的な父母が一つになるのです。（文鮮明『宇宙の根本』234）

③ 万物の終着点は人間の生殖器

神の創造は愛の前進であり、万物創造の過程を通じて愛が次第に高まり、人間の夫婦において神の愛は完成するようになっていました。愛と性は一体です。したがって万物世界は人間の愛と性を目指してきたのです。形状的には人間の性の器官を目指してきたのです。

・被造物の存在目的は神の心情（愛）の細胞の一部になること
被造物の存在目的は人間を通して神に連結し、神の一部、神の細胞になることです。では、神のどの部分の細胞になりたいでしょうか？　最も深い所は神の心情であるので、**被造物の目的は神の心情の細胞の一部になることなのです。**（文鮮明「中和新聞」1990.10.15）

・神様の愛を受ける人間の細胞に吸収されることが、万物の最高の理想
海の魚を見れば、小さい魚から段階的に食べられて生きていくのですが、これがどうして神様の愛ですか。彼らは人間を標榜し、**神様の愛を受けることのできる人間の細胞に吸収されることが最高の理想です。**そのようにしようとするので、鉱物は植物に吸収されるのです。神様の愛を受けることができる細胞圏に占領されるのです。植物は動物に、高級動物は人間に占領されるのです。おいしくて立派なものは、すべて人間に吸収されることを希望するのです。最高の細胞が躍動し、神様の息子、娘の愛の実体として連結したい、**愛の本宮に向かって帰ろうという願いをもってその主人に吸収されるのです。**（文鮮明『環太平洋摂理』155）

元素や原子の願いも、神様と人間の愛が一つになる、その細胞になることです。

・元素の願いは何か

それで、すべての元素の願いは何かというと、**元素たちに「君たちの天国はどこですか？」と聞いた時、「それも知らないのですか？　神様と人間の愛が一つになる、その細胞なのです」と言うのです。**何のことか分かりますか？　低級なものは、より高次元の存在に吸収されるのです。（文鮮明『ファミリー』1993.12,29）

・原子の願いは、男性であり女性であるところに行くこと

原子世界における、一番の願いは何かというと、一番高い立場に入ることです。神様が一番真心込めて創造したところはどこだと言いましたか？　何の話か分かりますか？　**男性であり女性であるところです。**すべての細胞がそこに集まるのです。そこの分子になりたいと思うのです。なぜかというと、生命がそこにつながるからです。愛の花が咲くところだからです。（文鮮明『ファミリー』1993.12,28-29）

・人間の愛の器官まで行くのが目標

元素は、愛の元素になって鉱物に吸収され、鉱物は、愛の元素を引き入れて植物に吸収されることを願うのです。神様の愛の対象の位置まで、人間まで訪ねていくのです。人間の中

でも、人間の愛の器官まで行くのが目標です。（文鮮明『天聖経』636）

結局、万物が目指している終着点は人間の生殖器なのです。

あらゆる鉱物、植物、動物は、「私たちが存在するのは、この宇宙の王になるそのおかたの栄光のためである。彼のあらゆる環境をきれいにし、その体を健康にするために、**愛の主人の細胞をつくるために、私たちが愛を受け、喜びながら訪ねていく**。アーメン！」と言うというのです。

鉱物が、どこに行くのかといえば、植物の細胞に行き、植物の細胞は、動物の細胞に行き、動物の細胞は、動物の中の王である人間の細胞に行くのです。

それでは細胞は、どこに行きたがるでしょうか？　目に行きたいでしょうか、頭に行きたいでしょうか、腕に行きたいでしょうか、どこに行きたいと思いますか？　**すべての万物が訪ねていく終着点がどこでしょうか？　生殖器です**。神様が一番精誠を尽くしてつくられたのが、生殖器なのです。……ですから、鉱物は植物に吸収され、植物は動物に吸収され、人間に入っていくのです。より高い主体は、より低い主体と対象を吸収するのが宇宙存続の原則です。（文鮮明『ファミリー』1997.8,35-36）

全万物世界の最終理想的吸収の終着点がどこかといえば、男性と女性の生殖器だというのです。それは事実です。なぜですか。どうしてですか。神様の愛と人間の愛と宇宙の愛が結合するのです。愛と生命が一つになる位置がその場です。そして、血統を通じて縦的に後孫が連結する位置がその場です。そのように縦的に引き継がれて、横的に数え切れないほど多くの民族が連結されるのです。それによって地上天国が形成されるというのです。そのような価値をもつのが生殖器です。どれほど重要ですか。（文鮮明『宇宙の根本』199）

④ 生殖器は愛の王宮、至聖所

今日まで、堕落した世界において、生殖器はともすると、いやらしいもの、汚らわしいもの、とみなされる場合が多くありました。しかし本然の世界においては、生殖器は真の夫婦の愛を授受する器官であり、真の子女である王子、王女を生む器官なのです。したがって生殖器は本来、愛の王宮、生命の王宮、血統の王宮なのです。

・愛の王宮、生命の王宮、血統の王宮

皆さん、愛の王宮を持っていますか、持っていませんか。（持っています）。……皆、持っているのですね？（はい）。そのような愛の王宮であり、その次に生命の王宮なのです。男女の生命がどこで結ばれるかというと、宇宙結合のために男性と女性の代表が、……それによって互いに愛し合い、男と女の血、肉、心が一つになって息子娘が生まれるのです。……**愛の王宮、生命の王宮、血統の王宮が女にも男にもあるのです。それをむやみに扱えば天罰を受けます。**（文鮮明『ファミリー』1992.8,53-55）

・絶対血統、絶対愛、絶対生命の創出

人間の生殖器は、限りなく神聖な所です。生命の種を植える生命の王宮であり、愛の花を咲かせる愛の王宮であり、血統の実を結ぶ血統の王宮です。この**絶対生殖器を中心として、絶対血統、絶対愛、絶対生命が創出されます。**絶対和合、絶対統一、絶対解放、絶対安息が展開するのです。（文鮮明『天聖経』1400）

・愛と生命の本宮、血統と歴史が連結する場

すべての万物の中でも一番貴い存在が人間、すなわち、男性と女性なのです。その中でも一番重要な部分は、鼻でも、目でも、手でも、そして頭脳でもなく、愛の中心器官である生殖器です。この愛の器官によって、宇宙のすべてのものが再創造されるのです。植物も動物

もこの生殖器によって繁殖し、拡散していくのです。一番価値があり、一つとなった素晴らしい家庭もそれが一つとなった夫婦から現れるのです。一つとなった夫婦によって理想家庭が始まるのです。**この愛の器官こそ、愛と生命の本宮であり、血統と歴史が連結するとてつもない価値の場なのです。**（文鮮明『真の神様の祖国光復』309-10）

それゆえ、生殖器は神が一番精誠を尽くしてつくられた男性と女性の至聖所なのです。

それでは、神様の立場から見た時、**創造物の中で一番精誠を尽くしてつくったものは何かというと、それは、男性と女性の至聖所なのです。何の話か分かりますか？　生殖器官なのです。**すべての創造の中で神様が最も精力を投入してつくられたものなのです。一切の愛のすべての要素を合わせて、それを再びつくり出すことのできる起源をつくるためのすべての細胞の王宮なのです。（文鮮明『ファミリー』1994.1,19）

ところが、人間の堕落によって、愛の王宮が悪魔に侵犯されてしまいました。

・一番聖なるところが一番悪い根源になっている

人間世界において、神様が一番真心を込めてつくったところはどこか考えてみてください。鼻、耳、目、口、心臓、どこでしょうか？　それは、男性であるところ、女性であるところなのです。何の話か分かりますか？　神様が一番真心を込めてつくったところなのです。それが、この天下を滅ぼし、神様を滅ぼし、人類の父母を追い出し、**人類の理想家庭を破壊した本宮になっているのです。一番悪い根源になっているのです。**もし人類が堕落しなかったならば、それは一番聖なるところなのです。愛はそこから成されるのです。……そこが愛を完成することのできる宮殿であったということです。（文鮮明『ファミリー』1993.12.21-22）

・愛の本宮を破綻させる悪魔の血肉

男女の生殖器官は、創造主から受け継ぎ、先祖から受け継いだ、変わらずにそっくりそのまま連結された礼物です。神様も侵犯することのない貴い礼物です。**これを侵犯する者は、天理の大道の中心である愛の本宮を破綻させる悪魔の血肉です。**純粋な本質としての永遠な真の愛を中心としたその基台の上に生まれたのが、生命の本宮です。また、新しい血統の本源の地です。きちんとしなければなりません。私は教主なのですから、まっすぐにさせなければなりません。**生殖器は何ゆえに生じたのですか。天地の大道のために、天地の大摂理的経綸のために、人間に与えられたものです。**（文鮮明『成約人への道』123）

まとめ

神の創造目的はアダムとエバによる愛の完成ですが、愛は性と一体となっています。したがって人間の生殖器は本来、愛を宿し、生命を育み、血統をつなぐ、愛の王宮、生命の王宮、血統の王宮となるのです。ところが人間の堕落によって、王宮が悪魔に侵犯され、一番悪い根源になってしまいました。本来、人間の生殖器は最も神聖なものであり、万物の願う終着点となっているのです。

(7) 絶対愛と絶対「性」の神

創世記に書かれているように、神は一人の男性と一人の女性が永遠に一つになっている姿をされています。したがって、神の似姿に造られた人間において、本来、一人の男性と一人の女性が永遠に愛し合うようになっているのです。そこには、フリーセックスはなく、同性愛もなく、離婚もありません。すなわち、絶対愛、絶対「性」の夫婦となるのです。

・神は一人の男性と一人の女性が合わさった存在

旧約聖書の創世記第一章二七節を見れば、「神は自分のかたちに人を創造された。すなわち、神のかたちに創造し、男と女とに創造された」というみ言があります。この節を帰納的に推理してみれば、**神様は、一人の男性と一人の女性を合わせた方である**、という結論が出ます。

このような神様が、独りでいるのは良くないと思われ、御自身の対象として創造したのが被造世界でした。すなわち、宇宙の万象は形状的な対象の位置に、そしてその中心には、実体的な対象として人間を創造されたのです。このように、神様の実体対象として創造した最初の男性格代表がアダムであり、女性格代表がエバです。(文鮮明『天聖経』1386)

① アダムとエバは一人ずつ

神はアダム一人に対してエバを複数造られたのでしょうか。あるいはエバ一人にアダムを複数造られたのでしょうか。そうではありません。アダム一人にエバ一人です。神は一対一で完全な愛を願われたのです。一対複数、あるいは複数対複数では愛は分散され、移ろいやすいものになるからです。

・神はアダムとエバを一人ずつ造られた

神様が宇宙を造られた根本原理は、雄と雌の概念を通すのです。ところで、この雄と雌が絶対的な愛を願うならば、その相対が二つであってはいけません。ただ一つ、絶対に一つでなければなりません。永遠に絶対男性と絶対女性でなければなりません。それで神様は、**アダムを二人造ったのではなく、エバも二人造ったのではありませんでした。ただ一人ずつ造ったのです。**（文鮮明『真の家庭と世界平和』379）

・絶対的に一人ずつ

では人間が愛し合うことについて、今日の米国式の愛が本来の人間のもつべき理想的な愛でしょうか？　自分勝手に一夜の外出をして、自分勝手に愛するそのような愛なのですか。自分たちが勝手にすることのできる愛なのですか？（いいえ）。なぜいいえですか？　私たちの先祖を見ても、**アダムとエバは何人もいたのですか？　それとも一人でしたか？（一人ずつです）。絶対的に一人ずつです。**今日のアメリカの男女のような愛ではなかったのです。（文鮮明『祝福家庭と理想天国Ⅱ』1021）

人間は誰しも永遠なる男女の愛を願いますが、永遠なる愛は一対一で築かれるのです。

全ての男性と女性は永遠の愛を願うからです。**絶対的な愛、永遠の愛、変わらない愛、統一された愛を願うのです。ですから相対が二人いては駄目なのです。絶対的に一人です。それゆえに神様が一対一につくりました。**

フリーセックスをし、ありとあらゆる混乱を引き起こす人でも、自分の妻を誰かが連れていってフリーセックスをするのを見るとき、拍手できますか。（「できません」）。できないというのは、絶対できないということですか、ただできないということですか。（「絶対的にできません」）。絶対的にできません！　それを好む人は誰もいません。絶対にいないというのです。そのような観念に離婚という概念がありますか、ありませんか。（「ありません」）。（文鮮明『祝

福家庭』二〇一一秋季号、18）

子供からみても、〝母親が二人いれば、よい〟、〝父親が二人いれば、よい〟と思う者はいません。一人の父、一人の母が永遠に愛し合うことを願っています。

女性も、絶対、唯一、不変、永遠の属性を備えた女性になっていて、そのような絶対、唯一、不変、永遠の男性と女性が出会って、夫婦になるようになっているのです。ですから、その愛の属性を完成しようとすれば、夫婦になるにしても、絶対的な夫婦、唯一的な夫婦、不変的な夫婦、永遠的な夫婦にならなければならないということです。それを分けることはできません。

皆さん。**〝母親が二人いれば、よい〟と思う人はいますか？**　一度に二人の母親のおなかに入って行って、生まれることができますか？　ありえないというのです。**〝父親が二人いれば、よい〟と思う人はいますか？**　二つの種をもらって、必要な娘なら娘を生むことができますか？　父親の精子も絶対的であり、母親の卵子も絶対的なのです。唯一的であり、不変的であり、永遠であるというのです。これさえ知れば、今日の世の中が、どれほど悪い世の中になったのか、自動的に結論が出てくるのです。（文鮮明『ファミリー』2004.1.36-37）

一人の女性に、二人の男性が入っていけば、真の愛は破壊されてしまいます。

一人の女性の凹に、二人の男性の凸が入っていくことができますか？ できますか、できませんか？（「できません」）。位置を定めることのできない凹凸の恨から逃れられない、この悪魔の世界、罪悪の世界は、なくなってしまわなければなりません。そのような世界であるということを知らなければなりません。（文鮮明『祝福家庭』二〇〇〇冬季号、35）

② 絶対、唯一、不変、永遠なる凹凸

パウロが「妻は自分のからだを自由にすることはできない。それができるのは夫である。夫も同様に自分のからだを自由にすることはできない。それができるのは妻である」（第一コリント七・四～一一）と語っているように、夫の性の主人は妻であり、妻の性の主人は夫です。すなわち、性は本来、夫婦の間にのみ許されるものなのです。すなわち不倫やフリーセックスは真の夫婦の愛を破壊するものとなるのです。

- 妻の生殖器の主人は夫であり、夫の生殖器の主人は妻

人間は、男性も女性も独りでは片方の人間にすぎません。神様の創造がそのようになっています。それで**神様は、愛の器官である生殖器の主人を、お互いに取り替えておいたのです。妻の生殖器の主人は夫であり、夫の生殖器の主人は妻だというのです。**したがって、お互いにために生きる真の愛を中心として一つになってこそ、相対の主人の位置に立つことができるのです。言い換えれば、人間は、誰彼を問わず、結婚を通して主人の位置を確保するときに、片方の人間ではない、完全な人間になるのです。（文鮮明『天聖経』1399-400）

・神は男性と女性の器官を取り替えられた

神様は知恵の大王であられるために、男性と女性の愛の器官をそれぞれ取り替えてくださったのです。男性のものだといっても、その主人は男性ではありません。女性の場合も同じです。主人を差し置いて自分の思いのままに行動した人は、愛に背いたことに対する審判を受けなければならないのです。（文鮮明『天国を開く門・真の家庭』95）

神は絶対、唯一、不変、永遠な男女の性を喜ばれます。そしてそこから真なる孝子・孝女が生まれるのです。

・絶対、唯一、不変、永遠な凹凸が完全に一つになれば、神は喜ばれる

絶対、唯一、不変、永遠な凹凸が完全に一つになり、「ははは」と、神様が喜ぶことのできる相対的性相と形状が一つになり、（神様が）**男性と女性が一つになった愛のるつぼに入って喜ぶとき、神様は歌を歌い、踊りを踊られるでしょうか、踊られないでしょうか？**　神様が笑われるでしょうか、泣かれるでしょうか？（「笑われます」）。

それが壊れれば泣き始め、それが一つになることによって笑い始められるのです。いくら神様が白い髭で覆われていても、「ははは」と喜ばれるのです。相対的愛の凸になって凹を訪ねて、愛で一体となり、後孫が生まれるのです。父母が願う息子・娘を生んでさしあげるのです。それが父母の希望ではないでしょうか？（文鮮明『祝福家庭』二〇〇〇冬季号、38-39）

・絶対、唯一、不変、永遠な凹凸が一つになれば、真なる孝子・孝女が現れる

愛は永遠なのです。どのような愛ですか？　浮気をする愛ではありません。**絶対、唯一、不変、永遠な神様に似た、絶対、唯一、不変、永遠な凹凸が一つになって、うれしいときは永遠にうれしく、喜ぶときは永遠に喜び、その間に何が現れるのかというと、永遠に喜ぶことのできる孝子・孝女が現れ、忠臣、烈女、聖人、聖子までが現れるのです。**天国の王宮にある金銀財宝を受けることのできる功臣が、その場を通して生まれるというのです。

その場がなければ、息子が生まれますか、生まれませんか？　後孫ができますか？　一個人から家庭をなし、家庭から氏族、民族、国家、世界、天地に満ちあふれた、膨大な天上世界、天国の民が、その場を通して再創造され発展してきたという事実を知らなければなりません。**故障した凹凸から生まれた息子・娘は不合格品なのです。**（文鮮明『祝福家庭』二〇〇〇冬季号、37-38）

堕落とは、アダムとエバが生殖器を自分のものだと思って自由行動をしたことです。その結果、アダムとエバはサタンの主管圏のもとに落ちてしまいました。

・堕落とは何か

堕落とは何ですか。**根本問題、根本は何ですか。アダムとエバが生殖器を自分のものだと思って自由行動をしたということです。**成熟すれば、神様を中心としてアダムのものはエバのものであり、エバのものはアダムのものとなって、永遠なる神様と絶対的な愛の基台をつくるためのものだったのですが、それを不信して自分のものにしたということです。それで、これが破壊されてしまったのです。自分のために生きる人は地獄に行くのであり、相対のために生きる人は天国に行くのです。ここから分かれるのです。この生殖器が地獄と天国の境

界線です。それを知らなければなりません。（文鮮明『宇宙の根本』297-98）

・アダムとエバは、自分の生殖器が、自分のものだと錯覚した

アダムとエバの堕落も、知ってみれば、この鉄則に背いたことに由来しているのです。**アダムとエバは、自分の生殖器が、自分のものだと錯覚したのです。**考えてみてください。善悪の実を取って食べたからといって、アダムとエバを追い出したりしますか。神様は、それほどでたらめな神様ではありません。根本的な問題において誤り、宇宙のどこにおいても公認することができなくなったので追放してしまったのです。（文鮮明『宇宙の根本』310）

・神様の愛と生命と血統がサタンの所有権のもとに落ちた

父子の関係こそ、あらゆる関係の中で最高、最上の関係です。神様の血統を伝授し、永存させる唯一の道は、正に父母と子女の血統関係しかないという事実を、はっきりと知らなければなりません。しかし、その場に現れたのは、偽りの愛、偽りの生命、偽りの血統でした。**神様の愛と生命と血統が、愛の怨讐である姦夫、サタンの所有権のもとに落ちてしまったのです。**天地が真っ暗な地獄に変わってしまい、神様までも姿を隠される、そのような凄絶な世界になってしまったという事実を、人間は今まで知らずに生きてきました。（文鮮明『天聖経』1381）

まとめ

神は一人の男性と一人の女性が永遠に愛し合う姿をされています。したがって夫婦は本来一対一で永遠に愛し合うようになっているのです。パウロが「妻は自分のからだを自由にすることはできない。それができるのは夫である。夫も同様に自分のからだを自由にすることはできない。それができるのは妻である」と語ったように、夫の生殖器の主人は妻であり、妻の生殖器の主人は夫なのです。それを自分の思いのままに使用することは許されないのです。

(8) 神の愛の完成

神がアダムとエバを通じて愛を完成しようとされたということは、アダムとエバの結婚は、一人の男性と一人の女性を合わせた方である神様の結婚ともなるのです。そしてアダムとエバは夫婦として神の宮になるのです。

・神様はアダムの中に入り、エバの中に入り、一つになりたいと願われるアダムとエバがとても喜ぶのを見るとき、神様が「**お前の結婚式を私の結婚式にすればいい!**」、そのように考えるでしょうか、考えないでしょうか。(「考えます」)。神様が、アダムの中に入り、エバの中に入り、二人が一つになりたいという思いをもつでしょうか、もたないでしょうか。(「もちます」)。(文鮮明『祝福家庭』二〇一一秋季号、21)

・アダムとエバの結婚式は神の結婚式

アダムとエバの結婚式とは何ですか。誰の結婚式なのですか。神様の結婚式です。もし、そのようにしていればどのようになりますか。そうなれば、どのような結果になったでしょうか。そのセクシュアル・オーガン（生殖器）が第一に何になるのかということです。神様の愛の王宮になるのです。愛の本宮になるのです。そうです、家庭は王宮だというのです。（文鮮明『宇宙の根本』235）

・絶対「性」を中心とする結婚は、神様御自身の結婚

絶対「性」を中心とするアダムとエバが、神様のみ旨のとおりに個人完成、すなわち人格完成を成し遂げ、神様の祝福の中で夫婦関係を結び、神様と完全一体を成し遂げていたならば、神様が彼らの中に臨在できる関係が成立していたでしょう。さらには、彼らの子女にも、神様と直接的に父子の関係を結ぶことができる愛の基準が連結されていたでしょう。言い換えれば、**完成したアダムとエバの絶対「性」を中心とする結婚は、神様御自身の結婚になっていたのです。**神様であると同時にアダムであり、神様であると同時にエバになるのです。そうしてアダムとエバが神様の体になることによって、神様が彼らの心の位置に安着され、共に有形、無形、二つの世界で、絶対「性」を中心とする人類の真の父母になっていたでしょう。（文鮮明『天聖経』1393）

まとめ

本然の夫婦は神の宮であって、その中に神が臨在されます。したがってアダムとエバの結婚は、その中に臨在されている神様の結婚にもなるのです。

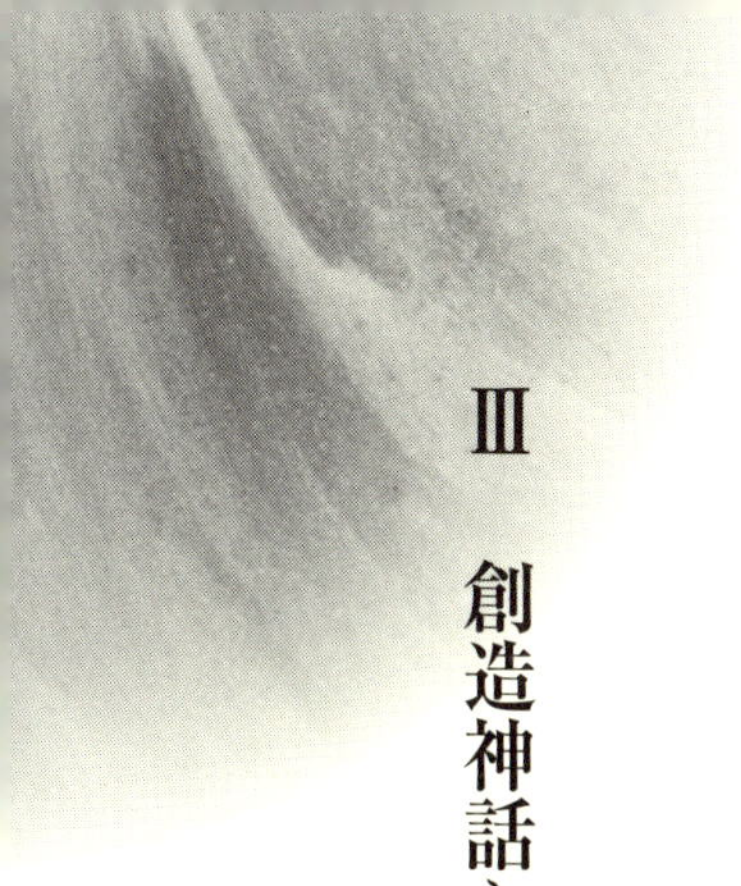

III 創造神話と新創造論

人類は古来、数多くの神話を生み出してきました。そこには「天地はどのように創造されたか」という、世界の始まりに対する興味深い物語があります。さらにユダヤ・キリスト教の創世記をはじめ、諸宗教においても、天地創造の記述があります。

これらの神話や宗教の天地創造の物語は、科学時代の今日、荒唐無稽なものと考えられたり、単なるおとぎ話にすぎないと見られています。しかし「統一思想」の新創造論の観点から、これらの創造神話を解釈すれば、決して荒唐無稽なものでなく、またおとぎ話でもないことが明らかになります。すなわち新創造論を通じて、創造神話を現代に生かすことができるのです。

・宗教と神話を迷信として抹殺しようとした共産主義

共産主義は科学の力をもって、神様を否定しました。**共産主義のみが科学的であるとし、科学の発達は神様と宗教とあらゆる神話を迷信に規定できるものと信じました。**そして、「宗教は民衆のアヘンである」と宣言したのです。では、二十世紀の科学は果たして、**共産主義が予言したとおりに、神様と宗教と神話をこの地球上で抹殺し得たのでしょうか。**いいえ、そうではありません。二十世紀の科学は、それとは正反対に、科学的であることを誇っていた共産主義を十九世紀の迷信として墜落させてしまい、かえって神様を証すものとなっていきつつあります。(文鮮明『神様の摂理から見た南北統一』927)

• 主要な経典は、人間を神様のみ前に帰す道が暗示されている秘密の啓示書

先生は聖書および各宗教の経典の核心内容を最もよく知るチャンピオンです。**聖書を中心とする各教団の主要な経典は、人間始祖の堕落によって無知に陥った人間たちを、再び神様のみ前に帰す道が暗示されている秘密の啓示書です。**したがって、重大な内容が比喩と象徴で描写されているのです。**比喩と象徴は、天から来るメシヤによってのみ明確にされます。**したがって、旧約の律法の核心内容を明確に教えてくださった方がイエス様であり、先生の教えを通して、新旧約の聖書全体に流れる神様の救援摂理に関する天の秘密が、明確に表されているのです。

聖書は、神様の創造理想と堕落、そして復帰の道が隠された秘密の啓示書です。先生が明らかにした原理は、各種の経典で疑問視されているすべてのことに対する答えが、明快に示されています。(文鮮明『天聖経』1420)

・神話は歴史の理想、青写真

ひとつの構想の背後の観念がこの観念を部分的に表現する手段より偉大であるように、神話こそその原因であり事実の歴史はその結果である。……それゆえわれわれは神話というものをひとつの理想の展開に努力する種族の歴史だと考えなければならない。……**［神話は］人間の心のなかにある「青写真」**ともいえるものであり、これを歴史に翻訳しなければならないという義務感を人間に課するものである。（ジェラルド・ハード『堕落論：歴史のなかに神があるか』217）

(1)　原人神話

原初に原人（または原初の神）が存在し、原人が死んで、あるいは生贄（いけにえ）になり、その身体から人間、動物、植物、天と地が生じたという神話が世界各地に見られます。その中で代表的なものをあげてみます。

①　巨人プルシャ（古代インド）

リトルトン（C.Scott Littleton）編の『神話』は、インドの巨人プルシャ（Purusha）の神話を次

巨人な原人プルシャ

のように説明しています。(*Methology*.330-31)

インドの古代の賛歌『リグ・ヴェーダ』(Rig Veda)によれば、神々は巨大な原人プルシャを生贄として、その身体から世界を造ったといいます。プルシャの身体がばらばらにされて、頭から天、足から地、へそから大気、耳から方位が生じました。心臓から月、目から太陽、口から神々の王であるインドラ神(Indra)と、火の神であるアグニ神(Agni)、呼吸から風の神ヴェーユ(Vayu)が生じました。人間の四つの階級もプルシャから生じました。すなわち、プルシャの口からバラモン(祭司階級)、両腕からクシャトリア(王族、戦士階級)、両腿からヴァイシャ(農民と職人の庶民階級)、両足からシュードラ(奴隷階級)が生じたというのです。

② 巨人盤古(古代中国)

天と地ができる以前は、混沌としたモヤのような状態でありました。その混沌の中から盤古が生まれました。盤古はどんどん成長して巨人になりましたが、やがて死を迎えました。死ん

巨人盤古

だ盤古は万物の元になりました。その息は風となり、声は雷に、左の眼は太陽に、右の眼は月になりました。髪やひげは星となり、汗は雨になりました。手足は地の四本の柱となり、体は五つの名山となりました。血は川に、肉は土に、皮や毛は草木に、歯や骨は金属や石になりました。精液と骨髄は真珠とひすいになりました。そして身体に寄生していた虫たちが人間になったのです。（*Methology*,392-95）

③ 巨人イミル（北欧神話）

巨人イミル（Ymir）は世界最古の存在であり、神々とこれに敵対する巨人一族との共通の祖先だったとされています。彼はオーディン（Odin）、ヴィリ（Vili）、ヴェ（Ve）という三柱の兄弟の神によって殺され、三神はイミルの死体から世界を造りました。イミルの身体の肉は大地となり、血は海となり、骨は岩となり、歯とくだけた骨は石や砂になり、髪の毛は樹木となりました。頭蓋骨は空となって、大地の上に置かれました。そして脳髄は空の雲になったというのです。（*Methology*,278）

④ 原初の女神ティアマト（バビロニア）

救世主とされる太陽の子、マルドゥク神（Marduk）は、塩水の海の女神ティアマト（Tiamat）を殺して、彼女を二つに裂きました。そしてティアマトの身体の上半分から星を伴った天空が造られ、下半分から植物と動物を備えた大地が造られました。ティアマトの唾液から雨雲が造られ、目からチグリス、ユーフラテス川が造られ、胸から山脈が造られ、山から清水が流れ落ちた。ティアマト軍の司令官であったキング（Qingu）は捕らわれの身となったが、やがて殺されて、その血から人間が造られたというのです。（*Methology*,84-88）

⑤ イザナギの神（日本神話）

イザナギとイザナミの男女神は夫婦の交わりによって八つの島からなる日本列島を生みました。ついで山の神、海の神、岩、土、木、風、五穀などの数多くの神々を生みましたが、最後に火の神を生んだとき、イザナミは陰部を焼かれて死に、黄泉(よみ)の国へ下りました。黄泉の国へ妻をたずねて行ったイザナギが、「入ってはならない」といわれた部屋に入ってみると、そこには全身に、うじの湧いた醜い妻の身体がありました。イザナギは慌てて逃げ出しました。イザナギが黄泉の国から逃げ帰り、みそぎをした時、彼の左の眼から太陽神のアマテラスが、右の眼から月神のツキヨミが、鼻からは暴風神的性格が著しいスサノオが生まれたというのです。

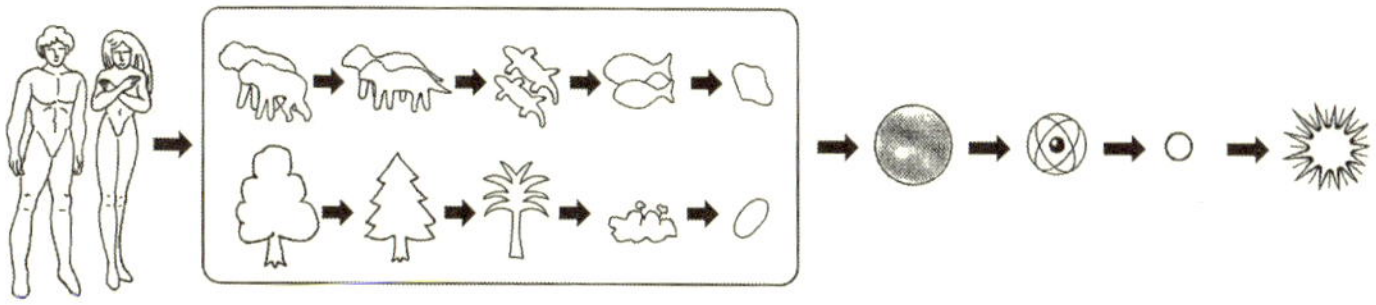

人間始祖アダム・エバを標本として構想された宇宙と万物

⑥ 原人神話と新創造論

原人神話によれば、原初に原人（あるいは原初の神）が存在し、その原人や原初の神が死んで、あるいは生贄となり、その身体から、天と地、万物と人間が生じたといいます。しかし、これらは象徴的な物語と見るべきです。

新創造論によれば、神は始めに人間始祖（アダム・エバ）の構想を立てられ、その構想をモデルにして、人類、動物、植物、鉱物、天体を構想されたのです。したがって原人とは、万物の原型となった人間始祖を意味していると見ることができます。実際に原人の体がばらばらにされたのではなく、原人として表現されている人間始祖の姿（構想、設計図）を見本として、それを捨象し、変形しながら、人類と万物を構想されたという意味に理解できるのです。人類始祖アダム・エバの構想に基づいて万物が構想されたことを上の図に示します。

(2) 宇宙卵の神話

世界が一個の卵から創られたという神話が、世界各地に見いだされます。これは何を意味するのでしょうか。主要なものを取り上げてみます。

① ユダヤ・キリスト教の天地創造神話

創世記一章には、「地は形なく、むなしく、やみが淵のおもてにあり、神の霊が水のおもてをおおっていた」とありますが、この文章の最後に用いられている個所のヘブライ語の表現は、文字どおり訳せば、「神の霊が巨大な鳥の形を取って、原初の大洋の上で卵を暖めていた」ことを意味しています。*The Interpreter's Bible* には次のように記されています。(Vol.1,466-67)

創世記1章2節は、神が秩序あるものに変えたカオス(混沌)について述べている。しかしながら、この節は、この章の他の部分とは次の点で異なっていることに注目すべきである。
①発せられた神の言でなく、神の霊が創造の動因とされていること。
②神の霊がカオス(混沌)を抱いている――英語版では、その真の意味は、「覆っている」(was

割れた卵から天地が生じたという
ヒンドゥーの神話

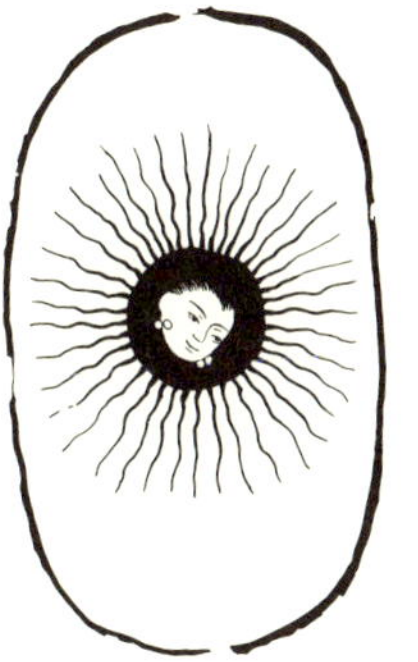

卵の中で瞑想している
ブラフマー

moving over）と解釈されている——という文言の根底にあるのは、あたかも鳥が卵を抱くように、抱きかかえている霊によって、宇宙卵が孵化されたという考えである。それは全体の物語とは異質なものである。

② ヒンドゥー教の宇宙創造神話

D・リーミング（David A.Leeming）、M・リーミング（Margaret A.Leeming）は、インドの創造神話について、次のように説明しています。（『創造神話の事典』50-52）

シャタパタ・ブラーフマナ（Satapatha Brahmana）に出てくる神話によれば、世界創造以前には、ただ原初の海がありました。海は命を生むことを欲したので、強く望んだところ、十分に暖かくなって黄金の卵が生まれました。この卵は海の上を漂っていましたが、一年後、その中からプラジャーパティ神（Prajapati）が生まれました（原人プルシャはプラジャーパティの化身です）。プラジャーパティは、卵の殻を破って出たあと、その殻の上にもう一年間ほどいて、それから口を開きました。その口から出た言葉が大地となりました。その次の言葉が天となりました。また別のいろいろな言葉が季節になりました。

最古のウパニシャッドであるチャンドグヤ・ウパニシャッド（Chandogya Upanishad）にも、卵の物語がありますが、同書ではプラジャーパティは創造神ブラフマー（Brahma 梵天）になっています。ブラフマーは最初に海を創り、その中に種子を一粒まきました。その種子はやがて卵に成長しました。それをブラフマーは二つに割ったところ、割られた卵の金の半分から天空が、銀の半分から大地が生じました。続いてあらゆる森羅万象が創られました。卵の中で瞑想するブラフマー（プラジャーパティ、プルシャ）、および割れた卵からの天地の創成を図（前頁）に示します。

③ 中国の盤古神話

D・リーミング、M・リーミングは、中国の宇宙卵からの創造を次のように説明しています。

（『創造神話の事典』208）

初めに巨大な卵があり、中には混沌がありました。それは陰と陽――男女、静と動、冷と熱、湿と乾の混ざりあったものでした。その陰陽の中に盤古がいました。やがて卵の中から盤古が現れました。盤古が生じてから一万八千年、盤古はどんどん大きくなり、天と地が次第に分かれるようになりました。清く、明るい部分は天となり、暗い濁った部分は地となりました。そして天と地は遠く隔たり、現在のようになったのです。

④ギリシヤの宇宙卵神話

リトルトン編の『神話』はギリシヤの宇宙卵神話を次のように説明しています。(*Methology*.137)

ヘシオドス（Hesiod）の著作にあらわれる創造神話によれば、女性神カオス（Chaos）が海を造り、その波の上で踊りました。踊りから生じた風によって物質ができました。カオスはその物質から巨大な蛇を造りました。カオスは鳩の姿になって巨大な卵を産み、蛇がそれを孵化しました。この原初の卵から万物が生じたのです。ギリシヤ神話における宇宙卵の孵化を上の図に示します。

ギリシヤ神話における宇宙卵の孵化

オルフェウス教（Orphism）の創造神話によれば、時の神クロノス（Chronos）は銀の宇宙卵を造りました。その卵から最初の神パネス（Phanes）が生まれました。パネスは自分の体から娘のニュクス（Nyx:夜）を造り、そしてニュクスと交わり、天地の全てのものを造ったのです。

新創造論によれば、神がアダムの体をまとわれるとき、エバはアダムの夫人であると同時に神の夫人であるとも説明されています。そのような観点から見れば、オルフェウス教の創造神話の意味も理解できるのです。すなわち、ニュクスはパネス神の夫人でもあるのです。

⑤ エジプトの宇宙卵神話

リトルトン編の『神話』はエジプトの宇宙卵神話について次のように説明しています。

（Methology.15-16.30）

ヘルモポリス（Hermopolis）神話によれば、世界が存在する前、原初の海の中に四組の男女神のペアのオグドアド（Ogdoad 八柱の神）があり、男性神と女性神の争いによって、原初の盛り土ができました。原初の盛り土の中に宇宙卵が含まれていました。卵が割れると、盛り土は「炎の島」となり、そこから生まれたばかりの太陽神が空に上って天に座しました。これが最初の日の出とされます。かくして宇宙が誕生したのです。宇宙の誕生を大激変とするヘルモポリス神話は現代のビッグバン理論をほうふつさせます。

他方、ヘリオポリス（Heliopolis）神話によれば、原初にベヌと呼ばれる聖なる鳥が現れました。

ベヌは太陽神アトゥム（Atum）の化身です。鳥が海の上で鳴くことによって、ゆらぎが生じて創造が始まったのです。（アメン神［Amun］が海の上で、がちょうのように鳴くことにより、宇宙的な激動が生じたという説もあります。）鳥が原初の盛り土にとまって卵を産みました。卵がかえると、そこに太陽神アトゥムが現れました。アトゥムは男女の神々を生み、宇宙を創造したのです。ギリシヤのヘロドトス（Herodotus）はその鳥を火の鳥（フェニックス）と記しました。エ

エジプト神話における宇宙卵の孵化と
太陽神（火の鳥）の出現

ジプト神話における宇宙卵の孵化と太陽神（火の鳥）の出現を上の図に示します。

⑥ フィンランドの卵神話

フィンランドの叙事詩「カレワラ」（Kalevala）の中に創造の物語があります。（『創造神話の事典』290）

初めに、原始の海と空がありました。空の娘イルマタル（Ilmatar）が海上を漂っていた時、一羽の小鴨が飛んできて、イルマタルの膝に金の卵六つと鉄の卵一つを産みました。イルマタ

ルの膝から落ちた七つの卵は水中に落ち、風にゆられ、波にもまれて割れてしまいました。割れた一つの卵の殻の下の部分は大地となり、上の部分は大空となり、白身は月と星となり、黄身は太陽となりました。やがてイルマタルは、最初の人間であるバイナモイネン（Vainamoinen）を生みました。

⑦ 韓国の卵生神話

東扶余の金蛙王の時代でした。王はある日、川のほとりで世にも美しい娘、柳花に出会いました。柳花は天帝の孫を身ごもっていました。王が柳花を連れて王宮に戻ると、柳花が大きな卵を生みました。やがて卵がかえり、中からひとりの男の子が現れました。男の子は朱蒙と呼ばれるようになりました。

やがて朱蒙の才を恐れた金蛙王の王子たちから生命を狙われるようになり、朱蒙は逃れます。朱蒙一行は淹水に至り、追い詰められましたが、魚とすっぽんが一列になって橋を作ってくれたので、無事に川を渡ることができました。朱蒙は南下して高句麗を興し、高句麗の始祖となり、東明王と称されるようになりました。朱蒙（東明王）の子、温祚が百済を興しました。したがって百済は高句麗の弟国のような立場になるのです。

新羅の始祖となった朴赫居世も卵から生まれたといわれます。現在の慶州を拠点としていた斯盧（サロ）国の六村の村長が、ある時、「君主をお遣わし下さい」と天帝に祈願しました。すると一条の光が天地を照らしたのです。そこには一頭の白馬が紫色にかがやく大卵の前で跪いていました。その卵から生まれたのが朴赫居世であり、彼は新羅の王となりました。新羅の第四代の王、脱解（ダヘ）も船にのせられて流された卵から生まれたと言います。

加羅伽耶（カラカヤ）の王となった首露（スロ）も、天から降りてきた黄金色の六つの卵の中の一つから生まれたと言われます。このように、韓国では卵から国の始祖が生まれたという神話が多く伝えられているのです。

⑧　日本の神話

『日本書紀』には、天地は鶏の卵のような状態から生まれたと次のように記されています。

> 昔、天と地がまだ分かれず、陰陽の別もまだ生じなかったとき、鶏の卵の中身のように固まっていなかった中に、ほの暗くぼんやりと何かが芽生えを含んでいた。やがてその澄んで明らかなものは、のぼりたなびいて天となり、重く濁ったものは、下を覆（おお）い滞（とどこお）って大地となった。澄んで明らかなものは、一つにまとまりやすかったが、重く濁ったものが固まるのには時間がかかった。だから天がまずでき上がって、大地はその後でできた。そして後から、そ

の中に神がお生まれになった。（『日本書紀・上巻』15）

⑨ 現代の宇宙卵理論――ビッグバン理論――

現代科学の宇宙観によれば、今から百三十八億年前に、宇宙は一点から生まれ、急激な膨張（インフレーション）に続いて大爆発（ビッグバン）が起きて、急速に広がっていきました。そこから素粒子、原子、天体が生まれ、現在のような広大な宇宙になったというのです。これは宇宙卵が爆発的に孵化したものと見ることができます。ビッグバンは

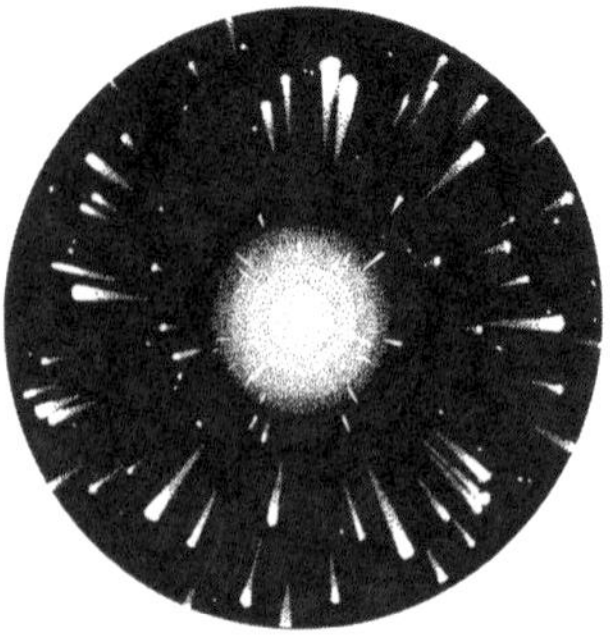

現代の宇宙卵、ビッグバン

現代科学から見た宇宙卵といえます。

⑩ 宇宙卵と新創造論

新創造論によれば、神は初めにロゴス（言）を形成され、次にロゴスに従って被造世界を創造されました。ロゴスとは、被造世界に対する神の構想または設計図ですが、ロゴスの形成においては、人間の構想をモデルにして、高級な生物→低級な生物→天体→原子→素粒子→光というように、下向的に構想がなされました。ところが被造世界の創造においては、その逆に、

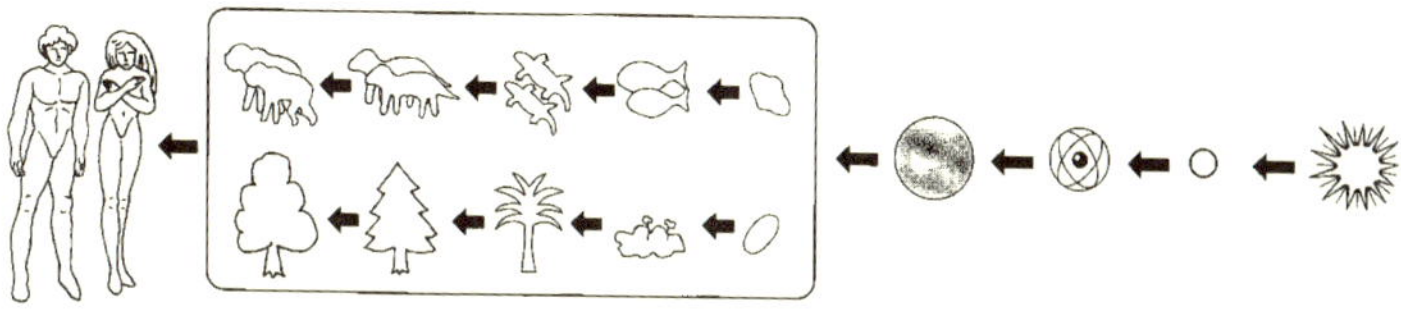

ロゴスに従い、ビッグバンから始まった創造

光から始まり、人間を目指していったのです。したがって宇宙は光に相当するビッグバンから始まり、人間の住み家としての地球を形成し、やがて人間が誕生するようになったのです。神話においては、そのことを宇宙卵が割れて宇宙と人間が出てきたと捉えていたのです。

　宇宙卵の中にはロゴスが宿っていました。そしてロゴスに従って世界が創造されたのです。ロゴスすなわち神の構想は、人間（アダム・エバ）を目標とするものであり、人間が現れる前に、人間の生活環境としての万物を準備するものでした。つまり宇宙卵の中に人間と万物の構想が入っていたのです。したがって卵が割れて、その中から天と地、人間、動物、植物が一度にぞろぞろと飛び出してきたのではありません。宇宙卵の中に入っていた構想に従って、光→素粒子→原子→天体→低級な生物→高級な生物→人間という順序で、時間をかけながら、被造世界は形成されてきたのです。ところが神話の世界では、時間を省略して、全てのものが一時に出てきたように描いているのです。したがって時間性を補って見れば、卵神話も、単なるおとぎ話ではなく、科学時代の今日でも、受け入れることができるのです。

このように、神の構想（ロゴス）に従いながら、ビッグバンから始まった創造を、古代の神話は宇宙卵の孵化として捉えたのです。ロゴスに従い、ビッグバンから始まった創造を図（前頁）に示します。

(3) 男女神の交合による天地創造

神は男性と女性の両性をそなえておられます。したがって神の形に似せて男と女が創造されたのです。神話においても、男女神の交合によって万象が生まれたと語っています。

① ユダヤ教、キリスト教、イスラームのアダムとエバ

「神は自分のかたちに人を創造された。すなわち、神のかたちに創造し、男と女とに創造された」（創世記一・二七）とあるように、神は一人の男性と一人の女性を合わせた方であるという結論になります。その男女神としての神が天地を創造されたのです。これはユダヤ教、キリスト教、イスラームに共通した見解です。神が最初に造られた人間がすなわちアダムとエバでありました。

② ヒンドゥー教の男女神

『リグ・ヴェーダ』によれば、天の男性神ディアウス（Dyaus）と大地の女性神プリティヴィー（Prithivi）が合体した天地両神ディヤーヴァー・プリティヴィー（Dyava Prithivi）が万物の父母であり、その維持者であるといいます。ディアウスとプリティヴィーから生まれたのが『ヴェーダ』の神々の王インドラ（Indra, 帝釈天）です。

ヒンドゥー・タントリズムによれば、男性神シヴァ（Shiva）とパールヴァティー妃（Parvati）との性的合一による宇宙創成が説かれています。パールヴァティーは女性原理であるシャクティ（Shakti、性力）を象徴する女神であります。

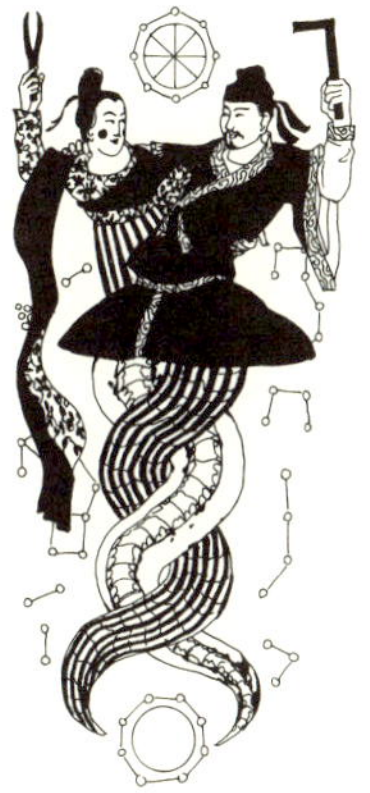

中国の神話における伏羲と女媧

③ 中国の神話――伏羲と女媧――

龍の女神である女媧（じょか）（Nü Wa）は人類を創造した神とも考えられていましたが、のちに女媧は伏羲（ふっき）（Fu Xi）と尾を絡ませた一対の神とされました。女媧と伏羲は始祖の神であるとともに、天地を創造した神でした。大洪水を生きのびた伏羲と女媧の兄妹（あるいは弟姉）が夫婦となって人類の始祖となったという伝承もあります。

易学によれば、宇宙の根源である太極から陰陽の二気が生じ、二気から四象が生じ、四象から八卦が生じるというようにして、宇宙は創成されました。これも宇宙の根源が男性と女性の二性を兼ね備えた存在であり、その二性（二気）によって宇宙は生まれたということを示しています。

陰陽の二気からの宇宙創成

④ 日本の神話――イザナギとイザナミ

天と地が始まったとき、高天原に天之御中主神（あめのみなかぬしのかみ）を中心とする五神の別天神（ことあまつかみ）と二神の根源神が生まれました。これらの神々は姿を現さず、男女の性別がありませんでした。次に生まれた十神は、男女ペアの姿を現す神、すなわち五つのペアの神であり、その中で最後のペアの神として生まれたのがイザナギの神、イザナミの神です。イザナギとイザナミが天の浮橋に立って、天の沼矛（あめのぬぼこ）をかき回すとオノゴロ島になりました。オノゴロ島に降りた二神が男女として交わると大八島の国（日本）が生まれたのです。

⑤ 男女神による天地創造と新創造論

神は陽性と陰性の二性性相の中和的主体です。したがって神は男性神と女性神が一つになった存在であると見ることができます。神はロゴス（言）によって被造世界を創造されました。ロゴスは神の被造世界に対する構想、設計図であり、天地創造のシナリオですが、ロゴスは神の姿に似たものであり、陽陰の二性性相に似ていました。したがって男と女、雄と雌、おしべとめしべ、陽イオンと陰イオンのペアシステムの世界が創造されたのです。これは男性と女性の一体となっている神が、その二性の授受作用によって被造世界をつくられたと見ることができます。

(4) 回転による創造

垂直に立てた柱を中心として、ガスや海を攪拌（かくはん）しながら世界が創造されたという神話があります。また柱を立ててその周囲を人々が踊りながら回るという風習も世界各地で見られます。

① 古代インドの乳海攪拌

遠い昔、ヴィシュヌ神（Vishnu）が神々に、マンダラ山を攪拌の棒とし、ヴァースキ龍（Vasuki）

ヒンドゥー神話における乳海攪拌

を綱にして乳海をかき混ぜるように命じました。ヴィシュヌ自身も巨大な亀に姿を変えて回転の軸受けとなりました。この攪拌によって、月と太陽、女神ラクシュミー（Lakshmi）、白い象などが現れました。最後に、神々の侍医ダヌヴァンタリ（Dhanwantari）が不死の霊薬を奪いましたが、ヴィシュヌがそれを取り返し、神々はそれを飲んで勢力を回復しました。

② 巨大な火柱（リンガ）の出現

『リンガ・プラーナ』はシヴァのリンガについて次のように伝えています（*Methology*.335）。ヴィシュヌとブラフマーが自分こそ最も偉大な神だと言い合っていると、水中から巨大な火柱が出現して、彼らを黙らせました。ヴィシュヌは猪になって水に潜り、ブラフマーは鳥になって空に飛んで火柱の先端を確かめようとしましたが、見つけることができずに戻ってくると、シヴァが姿を現しました。この火柱はシヴァの宇宙的形相であり、その現生的なシンボルがリンガ（ファルス、男根）であるといいます。リンガに例えられた火柱とは、宇宙創造の柱であるといえます。

日本の神話における雲の海の攪拌

③ 天の沼矛（日本の神話）

天之御中主神を中心とした五つの別天神がイザナギとイザナミの二神に天の沼矛を授けました。イザナギとイザナミが天の浮橋に立って、橋の上からはるか下に長い沼矛を下ろして、雲の海をぐるぐるとかき回すと、矛の先からポタポタと塩がしたたり落ちました。落ちた塩が重なり積もって、オノゴロ島ができました。

イザナギとイザナミの神は、オノゴロ島の真ん中に天の御柱を立て、この御柱のまわりを回って、夫婦の交わりを行い、国生みのわざをなしました。淡路島をはじめとして八つの島が生まれました。かくして大八島の国である日本列島が誕生したのです。

④ おんばしら

日本には、諏訪大社のおんばしらという行事があります。山から切り出した木を落として、神社に垂直に立てる行事です。このような日本のおんばしらに似た、柱立ての祭は世界の各地において見られます（宮坂清通他『おんばしら――諏訪大社御柱祭のすべて』239）。アジアでは、ネパール・カトマンズ地方の「インドラ・ジャートラの柱立て」、インド・アッサム地方の「アンダミ・ナガ族の扉曳き祭」、ミャンマー、赤カレン族の「柱立て祭」、タイ西北部、ラフ族の村の広場に立てられる「新年の木」、中国チベット自治区で宇宙のヘソと言われるカイラス山（6,638メートル）のふもとに立てられる「聖なる柱」がそうです。ヨーロッパでは、スウェーデン・キルナの「ネップランドの夏至の柱」、イギリス・ケント州の「五月の柱（メイポール）」、ドイツの「オクトーバーフェスト」があり、中米ではメキシコ・パパンドラの「フライング・インディアン」がそうです。

イギリスのメイポールとは、五月一日のメーデーに、教会や町の広場に柱を立て、その先端に緑の葉を結び、結びつけたひもを手に持って、その周囲を回りながら踊る風習です。これらの風習は、いずれも、柱を立てて、神や精霊との交歓の手段にするものと言われています。

日本画家の鳥居礼は、回転する柱が日本文化の奥にある宇宙創成の型であると次のように述べています。

始原神の息から宇宙大の壺ができ、そこに回転する柱が生じ、その柱の中からさらに左右に回転するヲ（+）とメ（一）が生じた。ヲは天となりメは地となった。さらにヲ・メは固まって日月となった。これが本来の宇宙創成の型であり、日本文化の奥底には、これらの要素が何らかの形で眠っている。（鳥居礼「日本文化の基軸に求道精神」、「世界日報」2007.7.28）

⑤ 現代科学の宇宙像

宇宙誕生から十億年後、水素とヘリウムからなる熱いガスが冷えて凝縮し、数多くの銀河を形成しました。クェーサーは当時の銀河の活発な中心核であると言われていますが、ビームを中心として回転しています。星の死である超新星の爆発の跡に残されるのがパルサーと呼ばれる中性子星です。中性子星はX線ビームを中心として高速で回転しています。銀河においても、中心核にあるブラックホールは物質をジェットで宇宙空間に吐き出すエンジンとして働いており、中心から噴出するジェット流を中心軸としてガス雲が高速で回転しています。

このように現代科学の宇宙像から見て、星や星の集団である銀河は、軸を中心として回転しながら誕生し、存続し、死を迎えているのです。

⑥ 宇宙創造における回転と新創造論

神の宇宙創造は創造の原理である天道によって行われ、宇宙は天道によって運行しています。主体と対象が中心軸を中心として円満な授受作用を行い、円環運動を行いながら、存続し、発展しているというのがその基本的な法則です。したがって宇宙の創造も、銀河の運行も、星の最後も、中心軸を中心として回転しながら営まれているのです。人間においては、男と女が縦的な真の愛（神の愛）の軸を中心として愛し合うとき、真なる夫婦となるのであり、個人においては、心（生心）の軸を中心として体（肉心）が従うことにより、真なる人格を形成するのです。神話においても、そのような神の創造の原理を表現していたのです。主体と対象の中心軸を中心とした円環運動を上の図に示します。

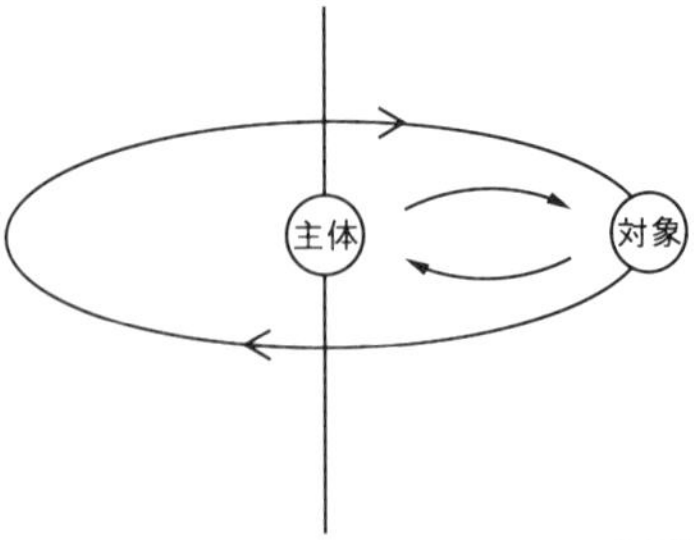

主体と対象の授受作用を通じた円環運動

(5) 言(ことば)による創造

神の言によって世界が創造されたと説く聖典や神話が世界各地において見られます。

① 言による創造（キリスト教）

ヨハネ福音書に「初めに言があった。言は神と共にあった。……すべてのものは、これによってできた」とあるように、キリスト教では、神が言（ロゴス）によって世界を創造したのです。

②「かくあれ」の言で創造（イスラーム）

次のような『コーラン』の聖句にあるように、イスラームでは、アッラーの『かくあれ』という言によって、すべては現れたのです。

「天地の造り主。ご命令をくだしたもうときは、ただ、「かくあれ」との言で、すべてその通りになる」（コーラン二・一一七）。

「もしこのお方があることをきめたもうなら、ただ、『あれ』と一言発せられるだけで成就する」（コーラン四〇・六八）。

③エジプト神話における言による創造

メンフィス（Memphis）の人々はプタハ（Ptah）を世界の創造主であると考えました。プタハは全てのものを思考と言によって創ったのです。彼の心臓から出る思考と、舌から出る言によって、全てのものは現実のものとなったのです。

プタハ神の言による創造

トート（Thoth）は全エジプトの最高神ラー（Re）の代理者ですが、ヘルモポリス（Hermopolis）の神話によれば、トートは宇宙を創造した神とされています。彼は原初の宇宙卵として自らを創造し、すいれんの上に出現しました。トートが言葉を発すると「それらの言葉は存在を身にまとった」のです。すなわち、言によって万物を創造したのです。

④ マヤ神話の創造論

原初に空と海が広がる中、テペウ（Tepeu）と「羽毛の蛇」のグクマッツ（Gucumatz）しか存在していませんでした。空っぽの空間に、彼らが何かができればいいと考えると、実際に何かが現れました。「大地あれ」と言うと大地ができ、「山」を思うと山が現れ、「木よ」と言うと木が生まれました。こうして創造は続いたのです。（『創造神話の事典』335-36）

⑤ 新創造論の「創造の二段構造」

聖典や神話では、神が言を発すると、すぐそれは現実のものとなったというように描かれています。しかし新創造論から見れば、その言は口から出る話し言葉のようなものではありません。神の言すなわちロゴスとは、天地創造に対する神の設計図、構想、シナリオであって、それに従って被造世界が創造されたのです。

ロゴスの形成は下向性です。すなわち、神は人間始祖アダム・エバの構想を最初に立てられ、それをモデルにして、高級な生物から低級な生物、そして天体、原子、素粒子、光という順序で世界を構想されたのです。次にロゴスに従って被造世界が創造されたのですが、それはロゴスの形成とは逆の順序で上向的になされました。すなわち、百数十億年という時間をかけ、構想に従って、エネルギーを投入しながら、光から始まって、人間に向かって創造がなされたのです。聖典や神話では、卵神話と同様に、時間を省略して、神が言を発すれば、そのまま、ただちに現実のものとなったように描いていたのです。

(6) 原初の質料

無から創造がなされたという創造神話がありますが、それはエクス・ニヒロ（ex nihilo）またはデ・ノヴォ（de novo）型創造と呼ばれ、特に一神教の宗教に顕著に見られます。そのほかに、原初に水（海）や土（泥）があったという神話もあります。

① キリスト教の「無からの創造」

キリスト教における「無からの創造」はアウグスティヌスによって確立されました。神は無から質料を創造し、その質料をもとにして世界を創造しました。すなわち、全能なる神は、何の材料もなく、どんな手段もつかわずに宇宙を創造したのです。

② イスラームの「無からの創造」

『コーラン』によれば、アッラーはただ「あれ」と叫びながら、天地を創造されました。それは正に無からの創造です。

③ 仏教における世の始め

仏教では、世界の創造に関してはあまり関心がもたれていませんが、初期のインド仏教の経典は、この世の終わりと新しい世の創造について語っています。そこでは創造者にあたる存在はありません。初めに、すべては水と闇に覆われていました。長い間、日も月も星もなく、季節の移り変わりもなく、生き物も人もいませんでした。やがて熱い乳が次第に冷めて表面に皮ができるように、水の上に地ができました。そして肉体をもつ者が現れ、日と月と星が現れ、男と女の両性ができたというのです。（『創造神話の事典』294-95）

④ 土や原初の海（水）からの創造

原初の海からの創造も、多くの創造神話に共通して見られる主題です。土から造られたという説もあります。そして超越神が動物（あひる、亀など）を原初の海の中へ潜らせ、水底から採った泥土で創造されたという潜水型の創造神話もあります。（『創造神話の事典』186）

⑤ 現代科学の「無からの宇宙創生論」

宇宙論研究者、ビレンキン（Alex Vilenkin）は「無からの宇宙創生論」を提唱しました。ある時、突然、時間も空間もない「無」から、素粒子より小さい閉じた宇宙が、エネルギーの壁をトンネルのようにくぐり抜けて誕生したと言います。ここでビレンキンのいう「無」とは、何もない無ではなくて、「何かに満ちている無」、「とてつもない力を背後に秘めた無」であり、「真空のエネルギー」を秘めているのです。

⑥ 新創造論から見た無からの創造

神は何もないところから被造世界を創造されました。しかし神には世界を生みだすエネルギーが備わっていたのであり、そのエネルギー（前エネルギーという）によって力と物質が生じたの

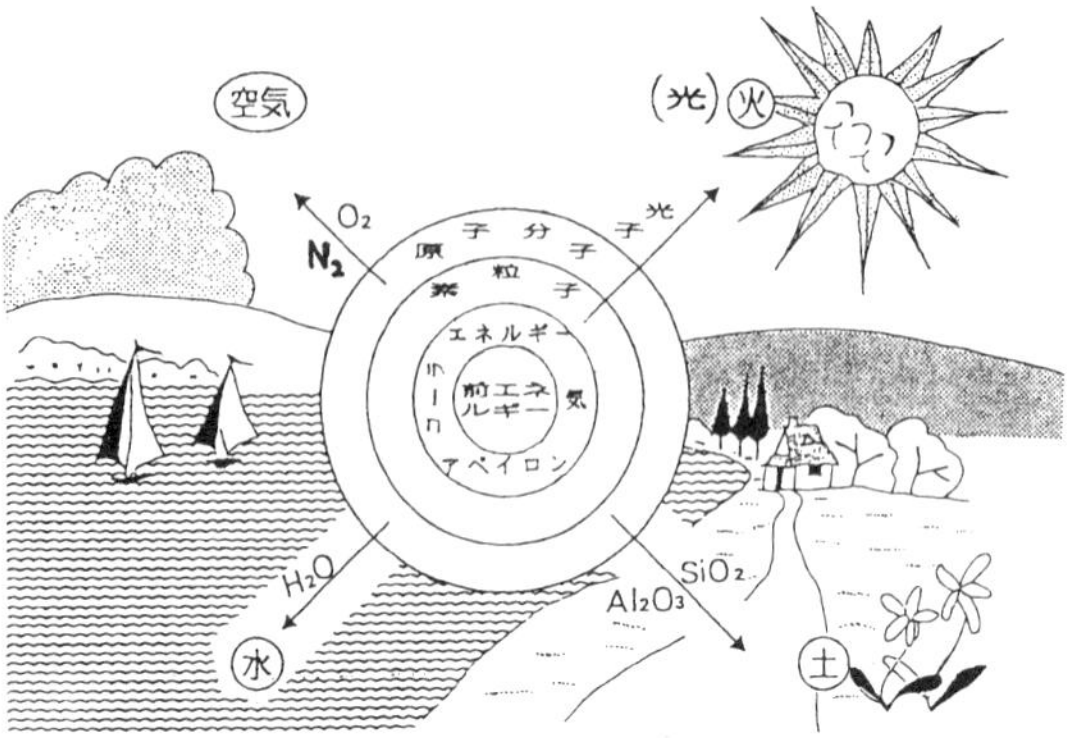

現代物理学と古代神話の物質観

です。

現代宇宙論のいう「真空のエネルギー」とは、統一思想でいう「前エネルギー」に由来するものであると言えます。神のエネルギーである前エネルギーからエネルギーが生じ、さらにエネルギーから素粒子、原子、分子、そして原初の物質である水や空気や土が生じたのです。創世記の「光があった」という聖句は現代科学のいうビッグバンに相当し、創造神話のいう原初の物質はエネルギーに相当すると言えます。

現代の物理学から見れば、原初の物質であるエネルギーより、光、素粒子、原子、分子が現れ、さらに水や土や空気が現れたのです。しかしながら、自然科学が発達していなかった古代の神話においては、水や土などを原初の物質と見るほかなかったのです。現代物理学から見た原初の物質（エネルギー）と古代の創造神話の見た原初の物質を合わせて図示すれば、上のようになります。

Ⅳ 霊界からのメッセージ

文鮮明師の統一思想を体系化された李相軒氏は一九九七年三月、逝去されましたが、驚くべきことに、地上の霊的能力のある婦人を通じて、地上で著名人であった人たちが、霊界でどのような状態にあるのか、霊界からメッセージを送ってこられました。彼らの多くは、霊界では悲惨な境遇になっていました。ところが、彼らは霊界において開かれている統一原理セミナーに参加して、文鮮明先生ご夫妻が再臨主、真の父母として人類救済のためにご苦労されていることを知りました。そして地上における過去の過ぎ去った自分たちの生活を悔い改めることによって、より良き霊界に引き上げられています。そして彼らは、地上の人々に霊界の実相を何とかして伝えようと願っています。ここで、進化論を構築したダーウィンのメッセージを紹介します。

科学者、思想家、芸術家、宗教家ら、数多くの現代知性人たちに、ダーウィンは贖罪の心情でレポートします。ダーウィンの誤った考えと学説が数多くの知性人たちに、そして神様に、歴史的な大きな誤謬を犯すようになったことを心から謝罪します。神様がこのような立場にいるダーウィンを救ってくださることに、さらに感謝します。

ここ天上世界に来て以来、私は人影がほとんどない獣たちの群れの中で、人間的な愛を感じることができないまま生き続けていました。ある日、神様の聖霊がこのような立場にある私を救い出して、ここ「統一原理」の講義所にまで直接導いてくださいました。この時初めて、私は数多くの人波の中で、人間的な体温と愛を再び体験するようになりました。ここまで導いてくださった神様の大きな愛と恩恵に、深く感動せざるを得ません。そして、ここで「統一原理」と「統一思想」の教育、特に神様の宇宙万物の創造過程に関する具体的な教育を受けてみると、私の過去の思想と考えが大きく誤っていたことを悟るようになりました。

この瞬間から神様は私のもとを離れませんでした。私は、ここ天上世界の実相を様々な分野から洞察してみると、自然世界と人間世界の次元が全く異なることを実感しました。そのような新たな実存世界が存在していることを悟り、私は講師たちに個人的に様々な質問をし、特に創造に関する質問を多くしました。

そのような過程を経たのち、神様がダーウィンを呼ばれました。「過去の過ちを認めるか。あなたは猿が進化したと言って、地上世界で生物現象に対する独善的な学説を主張した。ところが現在生きている猿たちは数万年、数千年が過ぎた今でも、なぜ存在するのか」と尋ねられました。そして「類人猿と人間との、愛と生命の次元は全く異なっている。ダーウィン、あなたは今から知性人たちを導きなさい。生態系に関する誤った見解に汚染された様々な階層の知性人たちを、先頭を切って正しく導きなさい」と言われた。

その後、ダーウィンは神様の実在を確かに実感しています。あまりにも温かく繊細な神様、特に神様は私の父母であり、我々の父母であるという事実を、毎日毎日、体感しています。神様と人間の関係は父子の関係であるという新しい大真理に接するとき、私は、音もなくこん棒で全身をひどく殴られ、耐えることのできない苦痛を体感しました。

特に衝撃的な事実は、「神様は人類の父母」という事実を明らかにした方が、今、地上に生存している文鮮明先生であられるということです。文鮮明先生は、神様がその体を用いて、人類平和運動を全世界的に主導される中で、有形・無形世界の実在、さらに神様の実在などを教示されているという事実に接するとき、ダーウィンは自分自身の姿が限りなく恥ずかしく、永遠に消えてしまいたいという思いに駆られました。

数多くの知性人たち！　**ダーウィンの誤った学説を中心に現代の科学的、唯物論的な学問世界を形成している知性人たちに、心から許しを請います。今や科学者たちは、「統一原理」を基礎とした新しい人間観を深く研究し、この時代に意識革命を起こすことを願います。**そして、地上世界で進化論に追従する科学者たちが「統一原理」を深く研究することを願い、ダーウィンの進化論のような愚かな学説が再び現れて、神様の摂理の障害要因にならないことを切に願います。

神様！　文鮮明先生！　申し訳なく贖罪の心情で、人間の救援に積極的に努力します。

（ダーウィン　二〇一〇年七月五日）

参考文献

文鮮明『為に生きる』光言社、一九七六年。
――『御旨と世界』光言社、一九八七年。
――『続・為に生きる』光言社、一九八九年。
――「ソ連十五共和国代表への演説」一九九一年五月四日。
――『御旨と海』光言社、一九九二年。
――『真なる子女の道』光言社、一九九三年。
――『み旨にかなった子女指導』ソウル：成和出版社、一九九四年。
――『訪韓修練会御言集』光言社、一九九四年。
――『訪韓修練会御言集（続編）』光言社、一九九五年。

――『二世の道』ソウル：成和出版社、一九九五年。
――『善悪の分岐点で・再臨メシヤの再現と成約時代』光言社、一九九五年。
――『祝福家庭と理想天国Ⅰ』光言社、一九九八年。
――『祝福家庭と理想天国Ⅱ』光言社、一九九八年。
――『真の神様』光言社、一九九九年。
――『神様の摂理から見た南北統一』光言社、二〇〇〇年。
――『真の神様の祖国光復』光言社、二〇〇〇年。
――『成約人への道』光言社、二〇〇〇年。
――『ポケットに神様』ソウル：成和出版社、二〇〇〇年。
――『真の家庭と世界平和』光言社、二〇〇一年。
――『環太平洋摂理』光言社、二〇〇一年。
――『宇宙の根本』光言社、二〇〇二年。
――『訓教経・上』ソウル：成和出版社、二〇〇二年。
――『訓教経・下』ソウル：成和出版社、二〇〇二年。

――『後天時代と真の愛の絶対価値』光言社、二〇〇四年。

――『後天時代の生活信仰』光言社、二〇〇五年。

――『ベーリング海峡プロジェクトと平和理想世界王国』光言社、二〇〇六年。

――『天国を開く門・真の家庭』ソウル：成和出版社、二〇〇九年。

――『平和神経』ソウル：成和出版社、二〇一〇年。

――『天聖経』（天一国経典『天聖経』）世界基督教統一神霊協会、二〇一三年。

――『平和経』世界基督教統一神霊協会、二〇一三年。

統一思想研究院『統一思想要綱（頭翼思想）』光言社、一九九三年。

――『新版・統一思想要綱（頭翼思想）』光言社、二〇〇〇年。

――『霊界の実相と地上生活』合本版⑤ 光言社、二〇一二年。

宇治谷孟訳『日本書紀・上巻』、講談社、一九八八年。

NHKサイエンス スペシャル『驚異の小宇宙・人体Q&A』日本放送出版協会、一九九〇年。

――『生命4』日本放送出版協会、一九九四年。

――『驚異の小宇宙・人体Q&A』日本放送出版協会、一九九〇年。

エバンス、D・O・サラーティ『進化心理学入門』小林司訳、講談社、二〇〇三年。Dylan Evans and Oscar Zarate, *Introducing Evolutionary Psychology*, 1999.

金子隆一『もっとわかる進化論』日本実業出版社、一九九二年。

金子隆一・中野美鹿『大進化する進化論』NTT出版、一九九五年。

久保木修己監修『文鮮明師と新ソ連革命』光言社、一九九〇年。

クライン、R・G;G・B・エドガー『5万年前に人類に何が起きたか?』鈴木淑美訳、新書館2004年。Richard G.Klein with Blake Edgar, *The Dawn of Human Culture*, 2002.

グールド、スティーヴン『ダーウィン以来』浦本昌紀・寺田鴻訳、早川書房、全二巻、一九八六年。Stephen J. Gould, *Ever Since Darwin*, 1977.

ジンマー、カール『進化大全』渡辺政隆訳、光文社、二〇〇四年。Carl Zimmer, *Evolution : Triumph of an Idea*, 2001.

ディヴィス、ポール『幸運な宇宙』吉田三知世訳、日経BP社、二〇〇八年。Paul Davies, *The Goldilocks Enigma—Why Is Universe Just Right for Life?* 2006.

ドーキンス、リチャード『利己的な遺伝子』紀伊国屋書店、二〇〇六年。Richard Dawkins, *The Selfish Gene*, 1989.

――『延長された表現型』日高敏雄他訳、紀伊国屋書店、一九八七年。Richard Dawkins, *The Extended Phenotype*, 1982.
鳥居礼「日本文化の基軸に求道精神」「世界日報」二〇〇七年七月二十八日。
西村尚子、「アダムとイヴはどのようにして生まれたのか」『日経サイエンス』二〇〇三年一月号。
長谷川眞理子『クジャクの雄はなぜ美しい？』紀伊国屋書店、二〇〇五年。
――『オスとメス＝生の不思議』講談社、一九九三年。
バー、ハロルド・サクストン『生命場の科学』神保圭志訳、日本教文社、一九八八年。Harold Saxton Burr, *Blueprint for Immortality*, 1972.
ハード、ジェラルド『堕落論：歴史のなかに神があるか』深瀬基寛・安田章一郎訳、筑摩書房、一九六五年。Gerald Heard, *Is God in History?* 1950.
バロウ、ジョン『宇宙の定数』松浦俊輔訳、青土社、二〇〇五年。John D. Barrow, *The Constants of Nature*, 2002.
ヒッチング、フランシス『キリンの首』渡辺政隆・樋口広芳訳、平凡社、一九八三年。Francis Hitching, *The Neck of the Giraffe or Where Darwin Went Wrong*, 1982.

フォーク、ダン『万物理論への道』松浦俊輔訳、青土社、二〇〇五年。Dan Falk, *Universe on a T-shirt:The Quest for the Theory of Everything*, 2002.
ホイル、フレッド;チャンドラ・ウィックラマシンジ『生命は宇宙から来た』餌取章男訳、光文社、一九八三年。Fred Hoyle and Chandra Wickramasinghe, *Evolution from Space*, 1981.
宮坂清通他『おんばしら——諏訪大社御柱祭のすべて』信州・市民新聞グループ、二〇〇二年。
村上和雄『生命の暗号』サンマーク出版、一九九七年。
ライ、ジュリア;ダヴィッド・ザヴォルド編『まだ科学が解けない疑問』福井伸子訳、晶文社、一九九一年。Julia Leigh, David Savold ed. *The Day that Lightning Chased the Housewife*, 1988.
リーミング、D.M.;リーミング『創造神話の事典』松浦俊輔他訳、青土社、一九九八年。David Adams Leeming,*The Encyclopedia of Creation Myths*,1994.
レーダーマン、レオン『神がつくった究極の素粒子』上、下巻、高橋健次訳、草思社、一九九七年。Leon Lederman with Dick Teresi, *The God Particle*, 1993.
Littleton,C.Scott,general editor, *Mythology*. San Diego : Thunder Bay Press, 2002.

The Interpreter's Bible.New York:Abingdon Press, 1952.

『トゥデイズ・ワールド・ジャパン』光言社、二〇〇九年十月号（創刊号）～。

『ファミリー』光言社、一九七六年四月号（創刊号）～二〇〇九年九月号。

『祝福』光言社、一九七三年秋季号（創刊号）～一九九六年春季号。

『祝福家庭』光言社、一九九六年夏季号（創刊号）～。

『新天地』光言社、一九七四年（創刊号）～二〇〇九年八月号。

『中和新聞』光言社、一九七八年一月一日（創刊号）～二〇〇九年七月号（七四五号）。

『ニューズウィーク日本版』ＴＢＳブリタニカ。

『ニュートン』ニュートンプレス。

『日経サイエンス』日経サイエンス社。

『ナショナル ジオグラフィック・日本版』日経ナショナル ジオグラフィック社。

蘇る　愛と生命
―― 進化論を克服した文鮮明師の統一思想

2014年11月1日　初版第1刷発行

編　著　日本統一思想研究院
発　行　株式会社　光言社
〒150-0042　東京都渋谷区宇田川町37-18
電話　03（3467）3105
http://www.kogensha.jp/
印　刷　株式会社　ユニバーサル企画

ISBN978-4-87656-836-9